二十一世纪普通高等院校实用规划教材·经济管理系列

会计综合模拟实训教程

陈淑贤　王　蕾　主　编

章毓育　马海芳　副主编

清华大学出版社

北　京

内 容 简 介

本书基于最新会计准则和“营改增”后的经济业务单据编制，具有内容新、实用性强等特色。编写时采用理论指导和实务操作相结合的设计思路，在会计工作基本规范要求的基础上，通过选取一家模拟制造业企业(上海金锐铝业有限公司)生产经营过程中具有连贯性的典型经济业务，给出可供演练的各种原始单据，使学生全面掌握不同岗位会计核算的主要工作内容，提高会计实务操作的能力。

本书既可以用作会计、财务管理等专业财务会计课程配套的实训教材，也可以用作会计操作实务课程、综合模拟实训课程等的专用教材，还可以用作学生毕业实践环节的综合实训教材。

图书在版编目(CIP)数据

会计综合模拟实训教程/陈淑贤，王蕾主编. —北京：清华大学出版社，2017（2022. 8重印）
(二十一世纪普通高等院校实用规划教材・经济管理系列)
ISBN 978-7-302-46577-5

I. ①会…　II. ①陈…　②王…　III. ①会计学—高等学校—教材　IV. ①F230

中国版本图书馆 CIP 数据核字(2017)第 030221 号

责任编辑：梁媛媛
装帧设计：杨玉兰
责任校对：吴春华
责任印制：宋　林
出版发行：清华大学出版社
网　　址：http://www.tup.com.cn, http://www.wqbook.com
地　　址：北京清华大学学研大厦 A 座　　邮　　编：100084
社 总 机：010-83470000　　邮　　购：010-62786544
投稿与读者服务：010-62776969, c-service@tup.tsinghua.edu.cn
质量反馈：010-62772015, zhiliang@tup.tsinghua.edu.cn
课件下载：http://www.tup.com.cn, 010-62791865
印 装 者：三河市君旺印务有限公司
经　　销：全国新华书店
开　　本：185mm×230mm　　印　张：23.5　　字　数：338 千字
版　　次：2017 年 3 月第 1 版　　印　次：2022 年 8 月第 7 次印刷
定　　价：48.00 元

产品编号：068023-01

前 言

本书是编者在多年教学实践的基础上，为了实现会计、财务管理等专业应用型人才培养的教学目标，整理编写的实践指导教材。全书突出内容新、实用性强、仿真度高等特点。

1. 内容新

本书基于最新会计准则设计编制，并根据全面“营改增”的要求加入了运输业、服务业等单位的新形式单据作为实训演练内容，还加入了“网银结算”“信用卡结算”等新型结算形式的相应单据和结算流程演练，力求使实训内容紧贴经济发展要求。

2. 实用性强

本书在给出会计工作基本规范要求的基础上，通过选取一家模拟制造业企业(上海金锐铝业有限公司)生产经营过程中具有连贯性的典型经济业务进行完整演练，使学生全面掌握不同岗位会计核算的主要工作内容，提高会计实务操作的能力。

3. 仿真度高

本书不仅模拟了会计核算程序的完整过程，包括建账、期初数据过账、填制和审核凭证、登记账簿、编制报表、计税纳税等内容，还在实训材料的设计中注重体现与现实资料的一致性，各类账号、登记号、单据号等均按照各地主管机构的代码设计规则编写，以提高学生对实务中各类单据真伪的识别能力。

重要说明：本书中涉及的企业，银行的名称、代码，地址和业务数据等，纯属虚构，望勿误解。

本书由陈淑贤、王蕾担任主编，章毓育和马海芳担任副主编。具体编写分工如下：第一部分实训指导由陈淑贤编写；第二部分业务 1～34 由王蕾整理编写，业务 35～66 由章毓育整理编写，业务 67～100 由陈淑贤整理编写；第三部分、附录以及企业基础数据资料由马海芳整理编写。

由于编者水平有限，书中难免存在错误和不妥之处，恳请读者批评指正。

编　者

目　　录

第一部分 实 训 指 导

一、实训目的

通过会计综合模拟实训，将会计专业知识和会计实务工作有效地结合在一起，使学生比较系统地演练企业会计核算的基本程序和具体方法，加强学生对会计基本理论的理解和掌握。同时，通过对会计基本方法的运用和对会计基本技能的训练，使之真正掌握各种原始凭证的填写方法；掌握各种业务的处理及填写记账凭证的方法；掌握账簿登记的方法；掌握各种报表编制的方法等。通过与岗位要求完全相同的实训操作，培养学生的职业意识，提高职业素质，形成工作能力，为学生即将从事的会计工作打下坚实的基础，使其成为理论与实际相结合的会计专业人才。

二、实训要求

(一)实训指导教师要求

(1) 指导教师在开展会计综合模拟实训之前，要根据学生的实际情况，制订切实可行的会计综合模拟实训计划。实训可以由一名学生承担所有的财务工作，也可以采用小组合作形式、设置出纳、会计、会计主管等岗位进行。

(2) 指导教师要在会计综合模拟实训开始之前，提前准备好会计综合模拟实训必需的材料，包括手工操作实验所需要的记账凭证、各种账页、凭证封皮等，可按所需数量事先印刷或购买。另外，还需要准备凭证装订机、回形针、票据夹、剪刀、胶水等工具。教材提供实训业务所需的原始凭证、科目汇总表和财务报表空白表格。

需要提前准备的空白会计凭证和账页包括：

① 收款凭证 18 张(包括备用数，下同)；

② 付款凭证 63 张；

③ 转账凭证 185 张；

④ 凭证封面、封底 6 套；

⑤ 账簿启用及交接表 3 张；

⑥ 三栏式总账、明细账页 110 张；

⑦ 三栏式现金、银行存款日记账 10 张；

⑧ 复币三栏式日记账 4 张；

⑨ 多栏式明细账页(9 栏金额分析式)10 张；

⑩ 多栏式明细账页(14 栏金额分析式)5 张；

⑪ 材料采购横线登记式账页 8 张；

⑫ 数量金额式账页 25 张；

⑬ 生产成本明细账 9 张；

⑭ 应交税费——应交增值税明细账 4 张。

(3) 在条件许可的情况下，可在手工操作结束后，根据手工操作资料进行计算机操作，既是为了检验手工操作的正确性，又是电算化模拟操作的实训内容。电算化模拟实训需要用友、金蝶等财务软件的支持。

(二)实训学生要求

(1) 在会计综合模拟实训开始之前，学生需要认真学习《会计基础工作规范》《会计档案管理办法》(请见附录一)等会计法律法规，认真复习“基础会计”“中级财务会计”“成本会计”等课程的相关知识，并详细了解实训企业背景材料和会计制度部分的相关内容。

(2) 会计工作复杂烦琐，学生应在思想上做好充分的准备，耐心沉稳，合理安排进度。采用小组形式完成实训的，需要明确小组内成员的分工，并在合适的时间轮岗，以圆满完成会计综合模拟实训的训练目的。

(3) 模拟会计实训工作包括：

① 分析 2016 年 12 月份的经济业务并填写部分原始凭证；

② 依据各业务原始凭证编制记账凭证；

③ 根据记账凭证登记有关日记账和总账；

④ 编制试算平衡表；

⑤ 月末计算本月完工产品的生产成本；

⑥ 编制资产负债表和利润表。

(4) 学生应严格按照有关规定填写会计凭证，包括会计凭证的编号、日期、业务内容摘要、会计科目、金额、所附原始凭证张数、审核签章等有关项目，不得敷衍了事；登记账簿时字迹要清楚，并按规定的程序和方法记账、结账，发现错账时应采用正确的方法更正(划线更正法、红字更正法、补充登记法等)；所有计算结果均保留两位小数，分配率保留 4 位小数。

(5) 实训结束后，应将各种记账凭证连同所附的原始凭证或原始凭证汇总表按编号顺序折叠整齐，装订成册，并加具封面，注明单位名称、年度、月份和起讫日期，并由装订人签名或盖章。同时将各种账簿按照不同格式分别装订，装订顺序为：会计账簿封面-账簿启用表-账户目录-按页数顺序排列的账页-会计账簿封底。会计报表应单独整理装订成册，并加具封面，注明单位名称、年度、月份等，不得和会计账簿装订在一起。

三、实训企业背景材料

模拟实训企业为上海金锐铝业有限公司，有职工 76 人，总资产 2 100 余万元，其中固定资产 1 500 余万元，注册资金 600 万元。公司为增值税一般纳税人，主要生产多种类型的铝合金汽车轮毂，年产量约 10 万件。为简化核算流程，减少相同内容的重复训练，本模拟实训假设该公司仅有一条生产线，生产并经营三种不同尺寸的铝合金轮毂，如表 1-1 所示。

表 1-1　公司主要产品报价

序　号	编　号	名　称	规　格	备　注	参考售价/元
1	C-0911665	汽车铝轮	16*6.5	16 寸	498
2	C-0921560	汽车铝轮	15*6	15 寸	400
3	C-0931460	汽车铝轮	14*6	14 寸	350

注：参考售价并非销售价格，实际销售中销售人员会根据客户情况对价格做适度调整。

公司的生产部门设有铸造、机加和涂装三个基本生产车间及辅助生产——修理车间。公司有进出口许可权，主要经过宁波北仑港面向我国香港地区、印度尼西亚和欧洲多个国家售出自产铝轮产品。因市场拓展需要，公司目前也从德国直接进口部分高档车用铝轮并面向国内直接销售。

(一)公司基本信息

法人代表：盛祥

纳税人识别号：310114743283856

公司地址：上海市闵行区虹梅南路 3525 号

公司电话：021-34637732

基本户开户行及账号：中国工商银行上海闵行支行 31001531320056002559

(注：企业社保基金未开设专户，缴纳时直接从基本户转账。)

一般户开户行及账号：中国银行上海市春申路支行 446863952219

美元户开户行及账号：中国银行上海市春申路支行 437763387189

(说明：一般来说，在基本户以外的银行开设外币户，同时还会要求开设一个人民币一般户，以便于结汇。)

证券资金账户：交通银行上海莘庄支行 310066263018016600786

企业海关代码：3111969584

(二)内部组织机构情况

公司内部组织机构情况如表 1-2 所示。

表 1-2　公司内部组织结构情况

组织机构名称		负 责 人	人员类别	人数/人
基本生产车间	铸造车间	王丹、张丽	工人	12
			车间管理人员	2
	机加车间	谢玉华、姚梦	工人	12
			车间管理人员	2
	涂装车间	曹小林、姜宇	工人	12
			车间管理人员	2
辅助生产车间	维修车间	丁冬等	工人	3
质检部		王东亮等	工人	3
销售部		边江		8
财务部		实训学生自行安排		4
行政等其他部门				16
人数合计				76

(三)产品基本生产工艺

1. 车间分工

铸造车间：熔炼→铸造→热处理→汽车轮毂毛坯(移送半成品仓库)。

机加车间：领用汽车轮毂毛坯→车床加工→汽车轮毂(直接移送涂装车间)。

涂装车间：预处理→喷底粉→喷色漆→喷透明粉(面漆、亮漆)。

质检：半成品检测(铸造车间)、产成品检测(涂装车间)。

2. 生产说明

铝合金轮毂的生产分为铸造、机加和涂装三个阶段，铸造阶段中首先采用熔炼炉熔解铝锭，然后使用低压铸造机将液态金属压入不同尺寸的模具中铸型，再通过热处理稳定铸件的尺寸和组织形成铝合金轮毂毛坯；机加阶段领用轮毂毛坯后经过车床加工对产品表面进行处理，制造完成各种尺寸的汽车轮毂，车床切削出的铝合金边角料可直接退返原材料仓库，作为熔炼材料重复使用；涂装阶段首先要进行打磨等预处理，以保证产品表面平整、无尖角、毛刺、粘铝等缺陷，然后是粉线(底粉)、漆线(色漆+亮漆)，最终形成产品。企业有原材料、自制半成品和产成品三个仓库。铸造车间生产好的铝合金轮毂毛坯会先移送自制半成品库等待后续生产领用。

产品生产过程中质检部需要持续对半成品和产成品进行抽检，铸造车间的半成品检测主要是检测轮毂外观，要求无未成型、变形、缩孔、裂纹、涂料脱落、拉伤、划伤、磕碰伤、错模顶杆印痕过深、表面凹凸不平、铸造标记文字错误等问题，对于废品可进行回炉重铸；涂装车间的产成品检测主要是从漆料的颜色、油漆黏度、漆膜硬度、漆膜附着力、标识等方面进行检查。

3. 所需主要生产原料

生产铝合金轮毂所需材料按照车间不同主要划分为以下三类。

(1) 铸造车间以 A356.2 合金铝锭为主要原料，同时投入精炼剂、清渣剂、锶变质剂等熔铸配料进行铸造。

(2) 机加车间以切削为主，主要投入切削刀具及配件等，同时会产生切削边角料退回原材料仓库。

(3) 涂装车间所用材料主要是打底 DY05(34#)涂料、色漆(NTC 纳米漆)和亮漆面料 DY08(39#)涂料，在油漆调制中还需要加入稀释剂等溶剂。由于涂装车间是最后一个生产步骤，因此涂装车间负责领取包装袋对完工产品进行包装，以备出售。

四、实训企业会计制度与规定

(一)财务基本制度

公司会计采用借贷记账法，核算采用集中核算方式，成本核算采用分步法。会计核算程序为科目汇总表会计核算程序。其核算流程如图 1-1 所示。

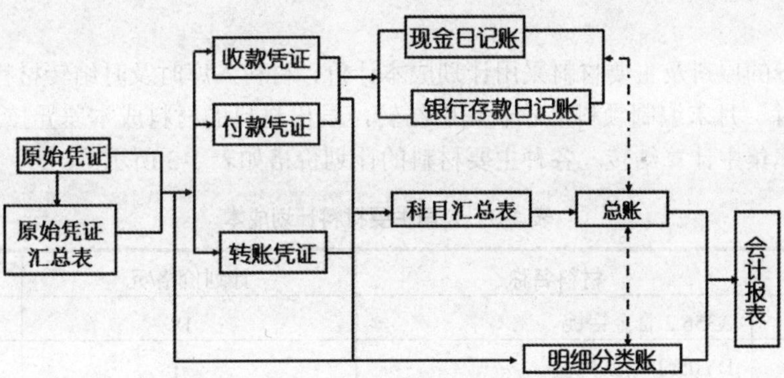

图 1-1　科目汇总表账务处理程序流程

(二)具体会计科目设置规则

公司会计科目根据 2007 年 1 月 1 日财政部统一规定的会计科目名称和编号设置。

1. 货币资金

开户银行核定本单位库存现金限额为 5 000 元，另外公司为总经理盛祥、销售经理边江分别办有一张额度为 10 000 元的信用卡(公务卡)，用于业务活动中的消费。公司遵循中国人民银行施行的各种结算方式，采用标准票据格式(为简化实习流程，不设银行票据登记簿，银行结算手续费可根据相关原始凭证判断处理，如未提供凭证则省略手续费)。

2. 往来款项

(1) 应收账款核算。企业发生的坏账损失采用备抵法进行处理，对附有现金折扣条件的赊销业务按总价法核算。

(2) 坏账准备核算。企业规定金额在 200 万元以上的债权为重大事项，应单独核算资产减值；其他非重大事项的债权采用应收账款余额百分比法估计其坏账损失，按 5‰的坏账比例估计资产减值。

(3) 备用金制度。企业采用一般备用金(非定额备用金)制度，员工出差前可到财务部门预支差旅费，原则上出差回来后三天内完成报销。

3. 投资类科目

公司设有交易性金融资产、可供出售金融资产、持有至到期投资、长期股权投资四类投资科目，交易性金融资产账户内为企业通过广发证券购入的二级市场股票投资；持有至到期投资为2013 年7月1 日购入的2012 年7月1 日发行的12 国电 01，5 年期，年利率 4.35%，每年 6 月 30 日计息付息，买入面值 500 000 元，当日买入价为 523 500 元；长期股权投资根据会计准则要求采用“成本法”和“权益法”两种方法核算。

4. 存货

(1) 存货的原料及主要材料采用计划成本计价，材料入库时及时结转材料的成本差异。原材料发出时，月末编制领料汇总表集中结转，发出材料的材料成本差异按月末计算的材料成本差异率集中计算结转。各种主要材料的计划价格如表 1-3 所示。

表 1-3　公司主要材料计划成本

序　号	材料名称	计划价格/元	单　位
1	A356.2 合金铝锭	18	千克
2	DY05(34#)涂料	1	千克
3	NTC 纳米漆	80	升
4	DY08(39#)涂料	5	千克
5	燃料	420	吨

(2) 其余生产环节所需精炼剂、清渣剂、锶变质剂等辅助材料按实际成本核算，其材料发出计价采用全月一次加权平均法。

(3) 包装物、低值易耗品等周转材料初始计量采用实际成本核算，发出计价采用全月一次加权平均法。包装物大多无偿提供给客户周转使用，采用五五摊销法核算；有时包装物也随产品销售，其成本一次转销。低值易耗品采用一次转销法。

(4) 库存商品按实际成本计价，发出时采用全月一次加权平均法计价。

(5) 原料及主要材料发生盘亏时，须等到月末计算出材料成本差异后再集中结转成本，并计算出相应的增值税，作为“进项税额转出”处理。

(6) 存货按其可变现净值低于账面价值的差额计提存货跌价准备。

5. 固定资产

外购符合条件的固定资产增值税予以抵扣。除生产设备以外的固定资产折旧采用直线法核算，生产设备采用加速折旧法计提折旧，净残值率统一定为5%。房屋、建筑物使用寿命为20年，管理部门用设备使用寿命为5年，生产设备使用寿命为10年，运输工具使用寿命为5年。固定资产的更新改造支出和修理费等后续支出符合资本化条件的计入固定资产成本。

财产保险费年费率为固定资产原价(机动车除外)的2.2%，按季预付，分月摊销。机动车辆单独保险，按季预付，分月摊销。

固定资产清查中，若盘盈金额较大(占固定资产总额10%及以上)，作为前期差错直接调整年初未分配利润；若盘盈金额不大，直接计入当期损益，增加“营业外收入”。

6. 无形资产

无形资产采用直线法摊销。企业目前的两项无形资产为一项商标权和一项非专利技术。企业根据实际情况分析后规定，非专利技术的摊销年限为14年，商标权的摊销年限为10年。

7. 长、短期借款

企业的短期借款按月计提利息。长期借款都是一次还本付息，借款利息于年末按单利一次计算。目前公司的短期借款为2016年3月25日借入的、9个月的流动资金贷款，利率为4.35%，到期还本付息。长期借款为2014年7月1日借入的、期限为5年的工程专项借款800万元，利率为6.55%。

8. 职工薪酬的核算

(1) 企业员工工资包括标准工资、职务津贴、奖金和其他工资等。具体计算公式如下。

应发工资=标准工作+职务津贴+奖金+其他工资

实发工资=应发工资-扣款合计

(上月应发工资总额为302 000元，本月应发工资总额为302 000元。)

(2) 发给员工的各项福利费据实列支，经公司讨论决定，按照当月应发工资总额的5%计提。会计年度终了，如当期实际发生的福利费大于计提金额的，则补提福利费；如提取的福利费超过当年实际支出的金额，则反向冲销。

(3) 本企业给职工缴纳五险一金，即养老保险、医疗保险、失业保险、生育保险、工伤保险及住房公积金。各项计提基数和比例按照2016年度上海市职工社会保费缴费标准执行(其中，单位职工个人缴费基数的上限为17 817元，下限为3 563元)。详见《上海市企业各项基金、经费缴费计算表》。

(4) 企业按照应发工资的2%和2.5%分别计提工会经费和职工教育经费。

9. 应交税费

企业销售商品适用的增值税税率为17%，按照2016年“营改增”的规定，企业取得的运输业、服务业等原本缴纳营业税的单位提供的增值税专用发票，符合规定的可以申请认证抵扣，列示为增值税进项税额。

城市维护建设税税率为7%，教育附加费为3%。

企业所得税税率为25%，个人所得税由企业根据职工的每月工资所得，按7级超额累进税率计算且代扣代缴。

车船税直接计入缴纳当月的管理费用(轿车年税额为320元/辆，货车年税额为120元/辆)。

土地使用税税率为每年2元/平方米。

房产税中自用房产税月应纳税额=房产账面原值×(1−扣除率30%)×适用税率1.2%÷12，出租房屋房产税月应纳税额=月租金收入×税率12%。

印花税在购买印花税票时直接计入缴纳当月的管理费用。账簿启用时，剪下印花贴于账簿首页，并划双线注销。

10. 所得税的核算

企业采用资产负债表债务法核算所得税。相关计算公式如下。

应纳税所得额=会计利润总额+按税法规定应调整项目的金额

应交所得税=应纳税所得额×税率(25%)

递延所得税费用=递延所得税负债−递延所得税资产

所得税费用=当期所得税费用+递延所得税费用

递延所得税负债=应纳税暂时性差异×所得税税率

递延所得税资产=可抵扣暂时性差异×所得税税率

企业所得税按月预缴，预缴时间为下月15日之前。年末汇算清缴，应在下一年度前4个月内完成。

11. 利润及利润分配

企业采用账结法核算损益。企业按税后利润扣除被罚没财产物资损失、税收滞纳金和罚款及弥补以前年度亏损后的10%计提法定盈余公积金，按照5%的比例计提任意盈余公积。

12. 成本费用

生产的三种产品采用分步法计算成本，生产分为三个步骤，分别在三个车间进行。“生产成本”科目下设“基本生产成本”和“辅助生产成本”两个二级账户。“基本生产成本”下按照车间分设“铸造车间”“机加车间”“涂装车间”三个三级明细账，分别核算不同车间的产品生产费用。“辅助生产成本”主要核算维修车间的各项日常费用。质检部的各项日常费用直接通过“制造费用——质检部”归集，维修车间和质检部的生产费用采用直接分配法分配。三个车间的完工产品和月末在产品的成本采用约当产量比例法分配，月末各步骤在产品在本步骤的完工程度均为50%。

(1) 基本生产成本。

① 产品成本核算采用分项结转分步法，按车间设置成本明细账。各步骤将本步骤生产的本成品成本分不同的成本项目分别结转到下一步骤产品成本明细账。

② 成本项目共设“直接材料”“直接人工”“燃料动力”“制造费用”四项专栏，并在专栏下根据需要设置不同的明细项目，具体项目设置参考“产品成本计算表”。

③ 铸造车间生产的汽车轮毂毛坯会作为自制半成品移送半成品仓库，机加车间在接到生产任务后按照所需数量从自制半成品仓库领出，自制半成品(汽车轮毂毛坯)按实际成本分项结转，领用的半成品成本按全月一次加权平均法计算。机加车间对汽车轮毂毛坯进行加工后，直接移交涂装车间进行喷漆，中间不再移送自制半成品仓库。

④ 铸造车间生产的14寸、15寸和16寸的汽车轮毂毛坯进行车间内产品分配的规则如表1-4所示。

表1-4 铸造车间产品分配的规则

序 号	成本项目	分配规则
1	直接材料	系数法分配，15寸轮毂系数为1，14寸轮毂系数为0.92，16寸轮毂系数为1.08
2	直接人工	直接按产量分配
3	燃料动力	系数法分配，15寸轮毂系数为1，14寸轮毂系数为0.92，16寸轮毂系数为1.08
4	制造费用	直接按产量分配

⑤ 机加车间和涂装车间加工的14寸、15寸和16寸的汽车轮毂进行车间内产品分配的规则如表1-5所示。

表1-5 机加车间和涂装车间产品分配的规则

序 号	成本项目	分配规则
1	直接材料	所需材料为生产开始时一次性投入，因此按产量直接计算在产品和完工产品数量，并进行分配
2	直接人工	在产品按约当产量计算并进行分配
3	燃料动力	在产品按约当产量计算并进行分配
4	制造费用	在产品按约当产量计算并进行分配

(2) 辅助生产成本。

① 辅助生产车间(维修)发生的各种直接费用和间接费用，直接在“生产成本——辅助生产成本”科目中归集，其间接费用不通过“制造费用”科目归集。

② 按辅助生产车间设多栏式明细账。

③ 辅助生产费用的分配采用直接分配法，月末将辅助生产车间的费用直接分配给辅助生产车间以外的各受益部门。

④ 辅助生产费用分配标准是：修理工时。

(3) 制造费用。

① 按基本生产车间设多栏式明细账。除铸造、机加、涂装三个车间外，为质检部单独设置多栏式明细账，以核算质检部的日常开销。

② 制造费用分配标准是：铸造、机加、涂装三个车间制造费用的分配方法在基本生产成本部分已有说明，质检部的费用月末按照各个车间当月完工产品的数量进行分配。

13. 结账方法

资产、负债及所有者权益账户属永久性账户，年终一般有余额结转下一年度。首先，在 12 月份月结的下一行，结出全年累计。然后，将年初借(或贷)方余额列入下一行“借(或贷)方”栏内，并在“摘要”栏内注明“年初余额”字样；将年末借(或贷)方余额列入再下一行“借(或贷)方”栏内，并在“摘要”栏内注明“结转下年”字样。最后，加总借、贷两方合计数，并在合计数下划两条通栏红线，表示封账。

(三)企业凭证、账簿的填制和审核要求

1. 原始凭证的填制与审核

(1) 外来原始凭证的基本内容和审核要求。无论哪一种外来原始凭证，都应该具备以下基本内容。

① 凭证的名称。

② 凭证填制日期和经济业务发生日期。

③ 填制凭证的单位名称或填制人姓名。

④ 经办人或责任人的签名或盖章。

⑤ 接受凭证单位的名称。

⑥ 经济业务内容。

⑦ 经济业务的数量、单价和金额。

在审核中，应特别注意以下两点：一是从外单位取得的原始凭证应盖有填制单位的公章，从个人取得的原始凭证应有填制人员的签名或盖章；有些特殊的原始凭证，出于长期沿用的习惯可以不加盖公章，但这种凭证一般应有固定的特殊标志，如火车票等。二是统一印制的企业发票上应印有税务专用章，事业、行政单位应使用财政部门统一印制的收据。

(2) 自制原始凭证的基本内容和审核要求。自制原始凭证多数由企业内部人员自行填制，其内容与外来原始凭证大致相同，但由于自身特点的不同，也存在一定的差别，其基本内容应包括以下几点。

① 凭证的名称。

② 经济业务的内容。

③ 经济业务的数量和金额。

④ 经济业务的当事单位或当事人。

⑤ 责任单位和责任人。

⑥ 经济业务发生的日期和原始凭证的填制时间。

由于企业可以自行制定自制原始凭证的样式，因此在填写自制原始凭证金额数字时，如果没有对应的金额栏分隔，阿拉伯数字应当一个一个地写，不得连笔写；金额数字要填写到分位，即使是无角分的金额，角位、分位也要写“00”字样或用符号“-”表示，如 4 000 元可以写成“4 000.00”，也可以写成“4 000.--”，但是有角无分的，则要在分位上写“0”字样，不得用“-”代替，如 458.10 元不得写成“458.1-”。另外，在数字金额前应书写货币符号。

自制原始凭证的内容、手续要全面、完整、齐备，要求填列的项目必须逐项填列，不得遗漏或省略。对于要素不完整的原始凭证，原则上应退回重填，特殊情况下须经旁证和领导批准才能作为编制记账凭证的依据。

2. 记账凭证的填制和审核

(1) 记账凭证的基本内容和填制要求。记账凭证作为登记账簿的依据，因其所反映的经济业务的内容不同、各单位规模大小及其对会计核算繁简程度的要求不同，其格式也有所不同。为了满足记账的基本要求，记账凭证应具备以下基本内容或要素。

① 凭证名称，即“收款凭证”“付款凭证”“转账凭证”或“记账凭证”等。

② 记账凭证的填制日期。填制日期一般是会计人员填制记账凭证的当天日期，也可以根据管理需要，填写经济业务发生的日期或月末日期。报销差旅费的记账凭证填写报销当日的日期；现金收付款记账凭证填写办理收付现金的日期；银行收款业务的记账凭证一般按财会部门收到银行记账单或银行回执的戳记日期填写；实际收到的进账单日期与银行戳记日期相隔较远，或次月收到上月的银行收付款凭证，可以按财会部门实际办理的转账业务日期填写；银行付款业务的记账凭证，一般以财会部门开出银行付款单据的日期或承付的日期填写；属于计提和分配费用等转账业务的，应当以当月的最后日期填写。

③ 经济业务内容摘要。摘要的填写没有统一规格，根据不同类型的经济业务，因事而异，详略不同。但对于同一类经济业务，摘要表述的基本内容可以遵循一定的规范。例如，对于收付款业务，要写明收付款对象的名称、款项内容，使用银行支票的，还应填写支票号码；对于购买材料，要写明供货单位名称和主要材料或商品的品种、数量，涉及阿

拉伯数字时，应书写清楚，除表示单价外，一切以元为单位的阿拉伯数字都应填写到角分；预收、预付款项，应收、应付款项等债权债务业务，应写明对方单位、业务经手人、发生时间等内容；对于盈溢损失事项，应写明发生部门、责任人；对于冲销和补充业务，应写明被冲销或被补充的记账凭证的日期及编号。

④ 凭证编号。记账凭证应按月编制统一的序号。设有收、付、转三种类型记账凭证的编号还应在总号之外，分别按照不同类型的记账凭证编号，分为收字第×号、付字第×号、转字第×号。记账凭证的编号可以在填写记账凭证的当日填写，也可以在装订记账凭证时或月末填写。每月的记账凭证应从 1 开始，顺序编号，不得跳号、重号。复杂的会计事项，需要填制两张或两张以上的记账凭证时，应另编分号，即在原编号后面用分号的形式表示，如第 4 号记账凭证的会计事项需要编制 3 张记账凭证，即：第一张为 $4\frac{1}{3}$，第二张为 $4\frac{2}{3}$，第三张为 $4\frac{3}{3}$。

⑤ 会计科目的名称及其记账方向。会计科目应能够清晰反映经济业务，如有必要，应写清楚明细科目。可以根据经济业务的需要编制一借多贷、多借一贷或多借多贷的会计分录，但是不能把不同内容、不同类型的经济业务合并，编制一组会计分录，填制在一张凭证上。

⑥ 金额。记账凭证的金额必须与原始凭证的金额相符；在填写金额数字时，阿拉伯数字书写要规范，应当一个一个地写，不得连笔；金额的数字要填写到分位，即使是无角分的金额，角位、分位也要写“00”字样，不得用空格或“-”代替。一笔经济业务因涉及会计科目较多需再填写多张记账凭证的，一般在每张记账凭证的“合计”行填写合计金额，并在合计数前面填写货币符号“¥”，不是合计数，则不填写货币符号。货币符号与阿拉伯数字之间不得留有空白。

⑦ 记账标记。记账凭证的内容登入账簿后，在记账凭证的“记账标记”栏内注明账簿的页码或做“√”标记，以避免重复登记或漏记。

⑧ 所附原始凭证的张数。每一份记账凭证都应附有原始凭证，记账凭证所附原始凭证张数的计算原则是，没有经过汇总的原始凭证，按自然张数计算，有一张算一张；经过汇总的原始凭证，每一张汇总单或汇总表算一张。例如，某职工填报的差旅费报销单后面附有火车票、汽车票、市内公共汽车票、住宿费结算单等原始凭证，共 35 张。这 35 张原始凭证在差旅费报销单上的“所附原始凭证张数”栏中已做了登记，在计算记账凭证附件张数时，这一张差旅费报销单只能算一张。

⑨ 记账凭证的签章。记账凭证由会计人员填制完毕后，填制人员应签名或盖章，并经稽核人员审核签名或盖章后，交由会计主管人员签名或盖章，最后由记账人员根据审核无误的记账凭证登记账簿，并在记账凭证上签名或盖章，以表明该记账凭证已由其登记入账。对于收付款记账凭证，还必须由出纳人员签名或盖章，以表明出纳人员已对所签名或盖章的收付款记账凭证上的款项进行了收付。

(2) 记账凭证的审核。记账凭证的审核是为了保证和监督各种款项的收付、物资的收发、往来的结算及账簿记录的正确性，是对所办理的经济业务的原始凭证的审核和记账凭证的填制是否符合规定进行复查。审核应检查包括原始凭证、记账凭证等在内的全部内容，检查对应的会计科目和会计分录的使用及处理是否正确，有关项目的填写是否完备，有关会计人员的签名或盖章是否齐全，填写是否符合规范等。

审核中若发现问题，应及时进行处理，包括补办手续、补填内容，或者拒绝办理等。若发生会计人员不能处理的情况，应及时向主管人员报告。

(3) 记账凭证附件的处理。记账凭证后面所附的原始凭证种类繁多，大小也不尽相同，大的如用A4纸打印的合同，小的如差旅费中报销的公共汽车票等。为了便于装订和保管，应对这些原始凭证进行必要的加工整理。过宽、过长的附件，应进行纵向或横向折叠。折叠后的附件的外形尺寸不应宽于和长于记账凭证，折叠时要注意折叠方向，避免出现装订后无法打开的情况；附件本身不必保留的部分可以裁掉，但不得影响原始凭证内容的完整。过窄、过短的附件，如果不能直接装订，应先粘贴在专制的原始凭证粘贴纸上，然后再装订粘贴纸。专用的原始凭证粘贴纸的外形尺寸与记账凭证的相同，各种无须直接装订的原始凭证，如地铁票、市内公共汽车票、出租车票等都应按类别整齐地粘贴于粘贴纸的方框之内。粘贴时，应横向进行，从右向左，粘牢原始凭证的左边，留右边，一张压一张，每张附件只粘0.6～1cm长，粘牢即可。粘好以后，要捏住记账凭证的左上角，向下抖几下，检查是否粘牢。如果有原始凭证掉下来，应立即补粘上去。最后，应在粘贴单的空白处分别写出每一类原始凭证的张数、单位金额及总金额，以便原始凭证不慎失落时，判断丢失的原始凭证的内容和金额。

3. 会计凭证的书写要求

(1) 用笔要求。填制会计凭证必须用蓝黑墨水或碳素墨水书写。一式几联的会计凭证，必须用双面复写纸套写，使用复写纸时，要保证各联字迹清晰，书写时字迹必须工整，不得潦草。

(2) 金额书写的要求。金额书写的要求分大写金额的书写要求和阿拉伯数字金额的书写要求。

① 大写金额的书写要求。汉字大写金额数字，一律用正楷字或行书字书写，应使用壹、贰、叁、肆、伍、陆、柒、捌、玖、拾、佰、仟、万、亿、元、角、分、零、整(壹、贰、叁、肆、伍、陆、柒、捌、玖、拾、佰、仟、万、亿、圆、角、分、零、整)等字样，使大写金额易于辨认且不易涂改。不得用一、二(两)、三、四、五、六、七、八、九、十，毛、〇(或另)等字样代替；不得任意自选简化字；大写金额满拾元而不足贰拾元的，应在“拾”字前加写“壹”字；大写金额数字到元或角为止的，在“元”或“角”字之后应写“整”或“正”字[其中“角”之后也可以不写“整”(或正)字]；大写金额数字有分的，“分”字后面不写“整”字。例如，壹万叁仟肆佰伍拾贰元柒角整、捌拾陆元贰角壹分。

汉字大写金额数字应标明“人民币”字样，大写金额数字应紧接“人民币”字样填写，不得留有空白。大写金额数字前，没有印好“人民币”字样的，应加填“人民币”三个字。

② 阿拉伯数字金额的书写要求。数字金额应一个一个地写，不得连笔书写。数字金额前面应写人民币符号“¥”。人民币符号与阿拉伯数字之间不得留空白，凡阿拉伯数字前面写有人民币符号的，数字后面不再写“元”字。例如，¥25 000.00，不应写成“¥25 000.00元”。

阿拉伯数字金额中间有“0”时，汉字大写金额要写“零”字。例如，¥207.40，汉字大写金额应写成人民币贰佰零柒元肆角整。阿拉伯金额数字中间连续有几个“0”时，汉字大写金额中可以只写一个“零”字。例如，¥30 004.56汉字大写金额应写成人民币叁万零肆元伍角陆分。阿拉伯金额数字元位是“0”，或数字中间连续有几个“0”，元位也是“0”，但角位不是“0”时，汉字大写金额可只写一个“零”字，也可以不写“零”字。例如，¥1 320.56，汉字大写金额应写成人民币壹仟叁佰贰拾元零伍角陆分或人民币壹仟叁佰贰拾元伍角陆分。又如，¥1 000.56，汉字大写金额应写成人民币壹仟元零伍角陆分或人民币壹仟元伍角陆分。凡填写大写和小写(阿拉伯数字)金额的原始凭证，大小写金额必须一致。

4. 账簿的登记规则

(1) 记账的时间。为保证会计信息的及时性，登记账簿的时间间隔应当越短越好。一般情况下，总账可以三五天登记一次，最长不得超过一个星期；明细账的登记时间间隔要短于总账，日记账、债权债务明细账至少要一天登记一次。现金、银行存款日记账应根据收、付款记账凭证，随时按照业务发生的顺序逐笔登记，每日终了结出余额。

(2) 登记账簿的具体要求。登记账簿的具体要求包括用笔的要求、填制的要求和书写的要求。

① 用笔的要求。和填制凭证相似，登记账簿同样要用蓝黑墨水或碳素墨水书写，不得用铅笔、圆珠笔等登记。除结账、改错、冲账等国家统一的会计制度规定用红色墨水记账外，不得用红色墨水登记账簿。

② 填制的要求。登记时，应将一级科目的名称写在账页上端的正中横线上，将二级科目或明细科目写在账页的左上角，借以确定账户的名称；需要集中反映的某些项目，如品名、规格、型号、保管地点和仓库等，应一次填写在总账名称之下、账页眉线之上的有关位置。活页账的一张账页上不得开设两个不同的账户。

登记时，要认真仔细，一丝不苟，对准一级科目和明细科目，分别将年、月、日，凭证号，摘要和借、贷方发生额一一记入账簿之内，谨防串户、反方或看错、写错数字。一笔业务登记完毕，立刻在记账凭证上的特定位置做“过讫”的记号(打“√”)，并在记账凭证的下方记账栏签上自己的名字或加盖印章，以示负责。为了使账页看起来美观、整齐，每一页的第一笔业务应在年、月、日栏中完整地填写年度、月份和日期，以后本页再登记时，只要不跨年度或月度，一律不填月份，只填日期。跨月登记时，应在上月的月结线下的月份栏内填写新的月份。

每登满一页账页，要在本页的最后一行摘要栏内注明“过次页”字样，并在下一页第一行摘要栏注明“承前页”字样，若账户要求结出发生额，需要将发生额和余额结出并结转到下页；若不要求，只将余额结出并结转到下页。具体要求为：需要结记本月发生额的账户，结记“过次页”的合计数应为本月初至本页末止的发生额合计数；不需要结记本月发生额的账户，结记“过次页”的合计数应为年初至本页末止的累计数；既不需要结记当月发生额也不需要结记全年累计发生额的某些账户，可以只将每页末(倒数第二行)的余额结转次页，但为了验证月末余额的计算是否正确，可以用铅笔结出每页的发生额，写在底线的下面，不占正式空格。

登记银行存款日记账时，除了年、月、日，摘要，凭证号码外，还须在特定栏目注明原始凭证的种类和号码，以满足银行对账的要求。例如，“现金支票××号”“信汇××号”“转账支票××号”等，也可以简写为“现××号”“信××号”“转××号”等。

登记账簿应当按账户页次，不得跳行、隔页，如不慎出现跳行、隔页时，应将空行用红色墨水划对角线注销，加盖“此行空白”戳记；将空页用“×”符号注销，加盖“此页空白”戳记，并由记账人员在空行或空页中间的“×”记交叉点处盖章负责。

③ 书写的要求。登记账簿时，文字和数字都不能顶格书写，一般应占宽度的 1/2 或 2/3，为更正错误留有余地。阿拉伯数字的书写要符合规范。例如，“1”字要倾斜 45°，“7”“9”的上端要低于其他数，下端要超出横线，上下各占空格高度的 1/4。文字书写要工整，不得生造和自行简化汉字。金额栏数字如果没有角分，应写作“00”，不得用空格或“-”代替。

为了防止账簿“余额”栏因更正错误引起连锁反应(一个数字改动了，随后的其他数字都要随之改动)，除月末和转页这两种情况外，其他时候登记账簿，可以不用墨水结出余额。如需及时了解账户余额，可以用铅笔写在余额栏内。

(3) 结账的具体要求。结账的标志是划线。

① 现金、银行存款日记账和需要按月结出发生额的账户，每月结账时在最后一笔记录下面划一条单线，表明本月记录到此为止。在这条线下面一行的摘要栏为写“本月合计”字样，在借贷两方结出本月发生额合计。最后在下面再划一条单线，以和下月的发生额相区别。划线时既可以划蓝线，也可以划红线，月结划单线，年结划双线，划线应划通栏线，从摘要栏开始到余额栏分位止。

② 不需要结计月度发生额的账户，如各项应收、应付款等，每次记账以后都要随时结出余额，每月最后一笔余额即为月末余额。结账时，在最后一笔记录下面通栏划一条单线，格式同上，表示“本月到此为止”，以和下月发生额相区别。

③ 需要结计本年累计发生额的账户，每月结账时，先在最后一笔记录下面划一条单线，表示“本月到此为止”，再在单线下面一行的摘要栏内写“本月合计”字样，结出本月发生额。再下一行，在摘要栏内写“本年累计”字样，结出自年初至本页止的累计发生

额。在累计数下面再划一条线，以与下月发生额相区别。年末，累计数应为全年的累计数，此时须在累计数下面划两条线，以与各月份的累计数相区别，同时表示“本年到此为止”。所有划线均为通栏线，格式同上。

④ 总账账户一般不需要结计本月发生额，只需要结出月末余额。年末时为了对账，需要在最后一笔记录的下一行的摘要栏内写“本年合计”字样，发生额栏填写全年合计数，余额栏则不必照搬上一栏的余额。在“本年合计”下面划两条红线，表示“本年到此为止”。

⑤ 需要结出本月发生额的账户，如果一个月内只有一笔发生额，就不存在合计问题。只需要在这笔记录下面划一条线，表示“本月到此为止”，不必在下面一行再结计本月合计数。

⑥ 凡需要结出余额的账户，结出余额后，应在“借或贷”等栏内按余额所属方向写明“借”或“贷”字样；没有余额的账户，如收入、成本、费用账户，应在“借或贷”等栏内写“平”字，并在余额栏内用“0”表示。

⑦ 年度终了，要把各账户的余额结转下年。结转下年不需要通过编制记账凭证将账户结平，使余额变为 0 再转新账。只需要在摘要栏内注明“结转下年”字样，在下年新账的第一页第一行的摘要栏内注明“上年转来”或“上年结转”字样，在余额栏内注明余额字样即可。有些账簿可以跨年度使用，如固定资产和往来账等，第二年使用时，直接在上年终了的双线下面记账。

(四)其他财务规定

1. 财务印鉴的管理

现金和银行出纳使用的各种专用章包括财务专用章、支票印鉴、现金收讫章、现金付讫章、银行收讫章、银行付讫章等。财务专用章对外需要备案的为方形章，尺寸为：22×22 mm 或 25×25 mm；内部使用的财务专用印章不需要备案，一般为圆形或椭圆形，其中圆形尺寸为 38×38 mm，椭圆形尺寸为 45×30 mm。上海金锐铝业有限公司在其开户行预留的财务专用章、出纳个人印鉴及常规发票专用章如图 1-2 所示。

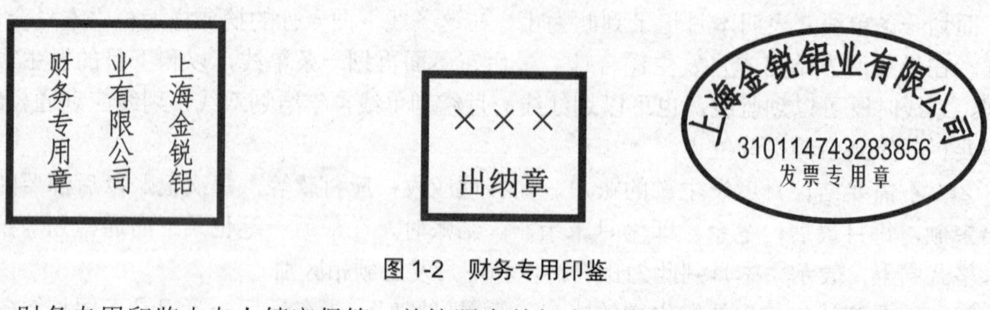

图 1-2 财务专用印鉴

财务专用印鉴由专人缜密保管，并按照有关规定严格管理和使用。按照有关规定，支票印鉴一般应由会计主管人员或指定专人保管，支票和印鉴必须由两人分别保管。各种财务专用章的保管，原则上应与现金的保管要求相同，负责保管的人员不得将印鉴随意存放或带出工作单位。如果发生印章遗失或需要更换预留银行印鉴，应填写“印鉴更换申请书”，同时出具证明情况的公函一并交开户银行，经银行同意后，在银行发给的新印鉴卡的背面加盖原预留银行印鉴，在正面加盖新启用的印鉴。遗失预留银行印鉴的个人名章，由单位具函证明；遗失单位公章，由上级单位具函证明，经银行同意后，按上述方法办理更换印鉴的手续。

2. 现金的管理

库存现金保管的责任人是出纳。出纳人员应选聘诚实可靠、工作责任心强、业务熟练的人员担任。现金的保管要有相应的保安措施，主要是会计室和保险柜。会计室应选择坚固实用的房间，能防潮、防火、通风，房门、墙壁、房顶要牢固，窗户要有铁栏杆和护窗金属板。出纳应配备专用保险柜。保险柜应靠会计室的内墙存放，保险柜钥匙由出纳人员专人保管，不得交由其他人员代管；保险柜密码应由出纳人员开启，并做好开启记录，严格保密；出纳人员工作变动时，应更换密码。保险柜钥匙或密码丢失或发生故障，要立即报请领导处理，不得随意找人修理或配钥匙。必须更换保险柜时，要办理以旧换新的批准手续，注明更换情况备考。

库存现金超过限额，应及时送存银行。库存限额内的少量现金，上班时间可以放在办公桌抽屉内，方便收付，但必须随时落锁；下班后必须存放在保险柜内，以确保安全。库存现金应当整齐存放，保持清洁，防止发生潮湿霉烂和虫蛀等事故。作为经管现金和银行存款日记账的专门人员，出纳必须每日掌握银行存款和现金的实有数，谨防开出空头支票和影响经营活动正常用款。

3. 空白支票的管理

空白支票由出纳人员从银行购买，并按顺序填入支票备查簿，然后把支票及备查簿一并交会计人员保管；印章则由会计主管人员或指定专人保管，空白支票和印章不得由一人负责保管，以形成制约机制，防止舞弊行为。空白支票在未填列内容和金额时不能签发，空白现金支票更不允许签发。特殊情况(如因事先不能确定采购商品的数量、金额或劳务费用等，确需签发不填写金额的转账支票)时，必须加强对签发空白支票的管理，由用款单位领导签证，并经财务部门领导签批，签发空白转账支票要及时收回注销。空白转账支票只能由支票使用单位及其指定人员签发，不得交给其他单位或个人签发。

4. 会计凭证的装订

会计凭证应定期装订成册，以防散失。装订也是会计工作的内容之一。会计部门在依据原始凭证编制记账凭证后，并不是马上装订，而是使用回形针或大头针将每一张记账凭证与所附原始凭证固定，定期(每天、每旬、每月)对各种会计凭证进行分类整理，最终将各种记账凭证按照编号顺序，连同所附的原始凭证一起加具封面、封底，装订成册。

会计凭证装订之前要再次检查一遍所附原始凭证是否全部加工折叠、整理完毕。去除凭证中的金属物(订书针、回形针或大头针等)，并加具封面后进行装订。

因热熔装订机在财务实务工作中已经普遍使用，此处仅介绍使用热熔装订机进行的凭证装订方法，传统的线装方法不再介绍。

① 拿一张和封面质地相同的纸做护角线(可以再找一张凭证封面裁剪使用)，用铅笔标记打眼位置，如图 1-3 所示。

② 在热熔装订机上插入铆管，如图 1-4 所示。

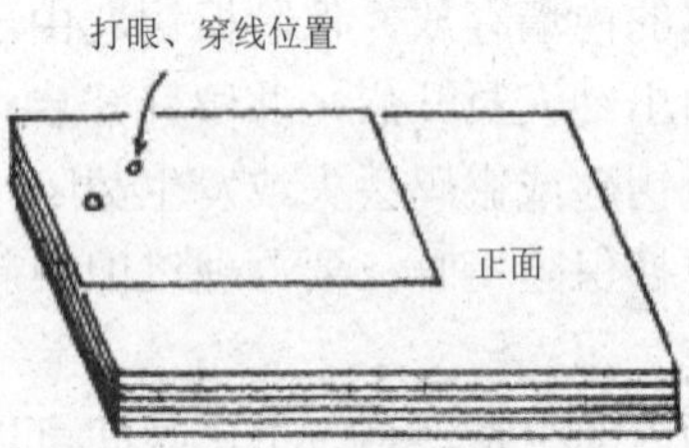

图 1-3 确定打眼位置

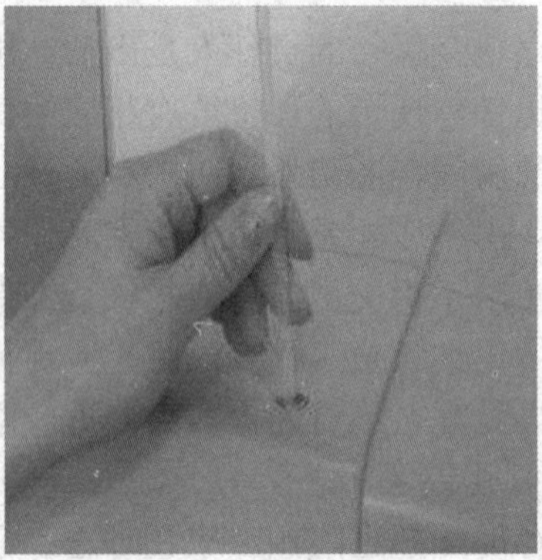

图 1-4 插入铆管

③ 使用热熔装订机进行自动打孔或手动打孔，如图 1-5 所示。

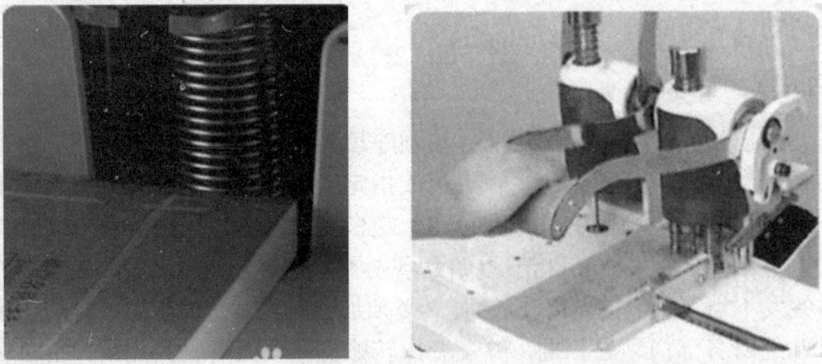

图 1-5 打孔

④ 打孔完毕，剪好的铆管会自动掉落，将铆管插入打好的孔眼中，如图 1-6 所示。

⑤ 插入定芯轴，如图 1-7 所示。

⑥ 等待热熔装订机预热完成，然后进行自动压制或手动压制，如图 1-8 所示。

⑦ 装订好的凭证示例，如图 1-9 所示。

⑧ 包角。将护角向左上侧折，并将一侧剪开至凭证的左上角，然后抹上胶水，如图 1-10 所示。

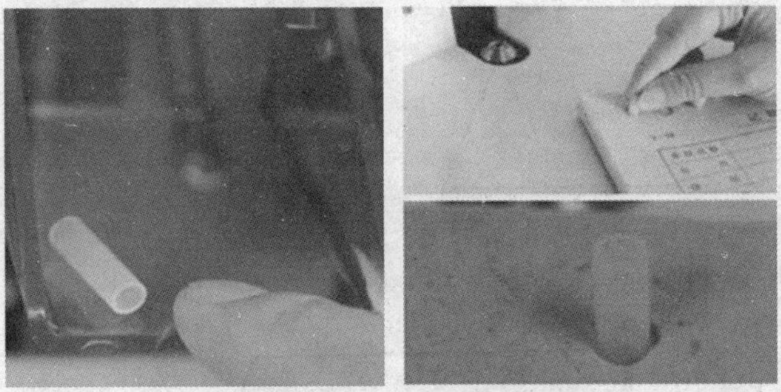

图 1-6　将铆管插入孔眼

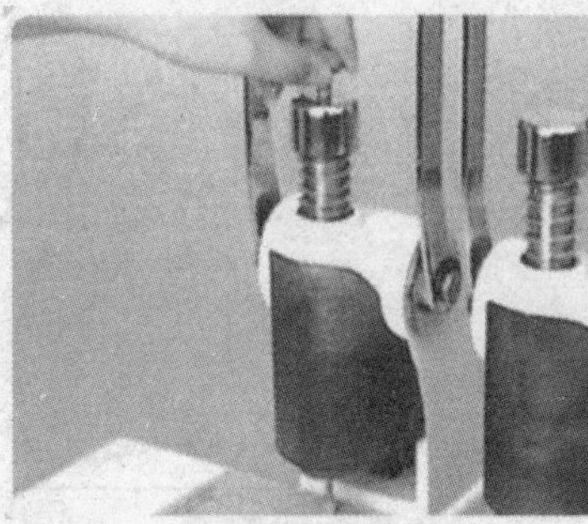

图 1-7　插入定芯轴

图 1-8　热压铆管定型

⑨　将正面未粘叠的纸条向后折叠、粘牢，如图 1-11 所示。

⑩　包角后的记账凭证正面、背面如图 1-12 所示。

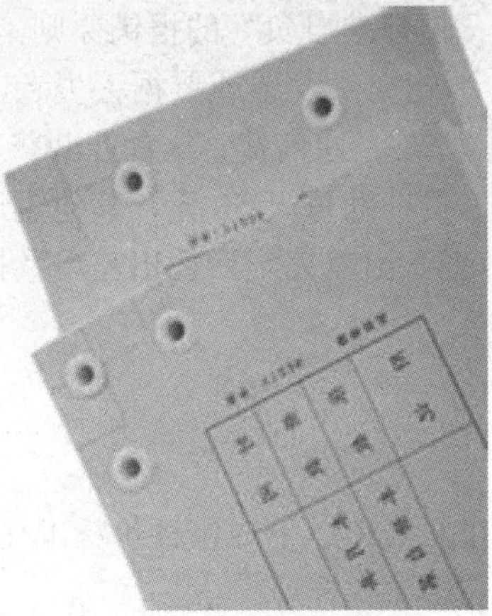

图 1-9　凭证装订示例

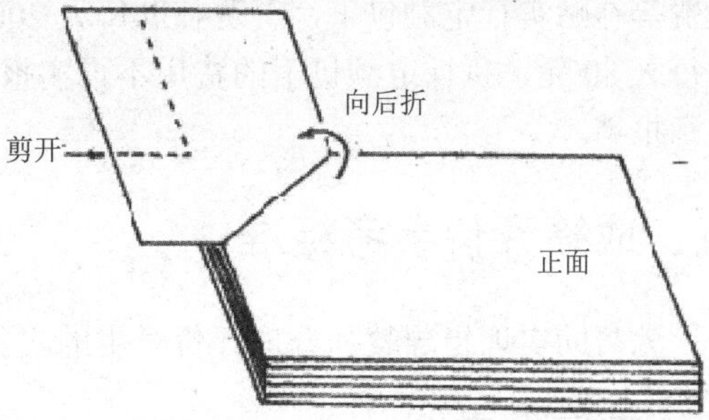

图 1-10　包角

图 1-11　粘贴多余部分至背面

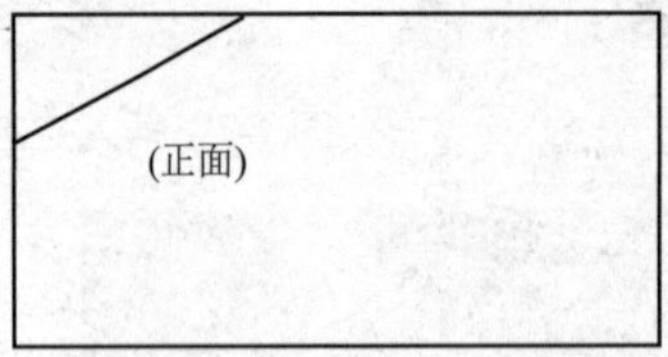

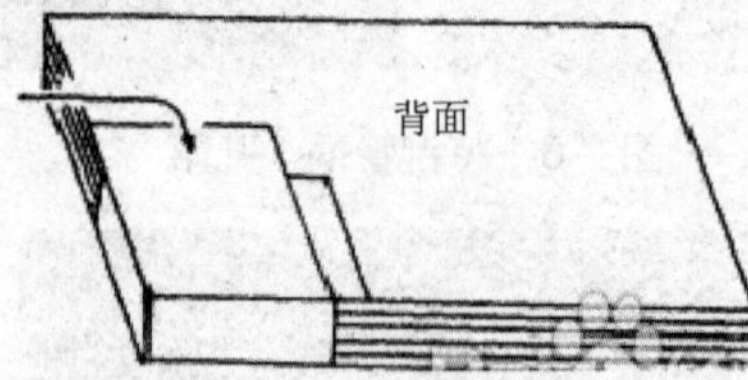

图 1-12　包角记账凭证示例

5. 会计凭证的保管

会计凭证装订以后存档之前，由财务人员负责保管，要防止受损、弄脏和沾水。会计凭证存档以后，保管责任随之转移到档案保管人员，保管人员应按照会计档案的要求，对会计档案进行分类、存档和保管。其他单位和个人经单位领导批准需调阅会计凭证的，要填写会计档案调阅表，详细填写借阅会计凭证名称、调阅日期、调阅人姓名和工作单位、调阅理由、归还日期。调阅人员一般不得将会计凭证携带外出。需要复制的，要说明被复制会计凭证的名称、张数，经本单位同意后在会计人员的监督下复制。

6. 差旅费报销规定

公司员工出差实行差旅费“实报实销、定额包干、超标准自负”的报销原则。交通费、住宿费在规定标准内凭据报销，需要提供有效发票，不能提供发票或票据丢失者，经主管领导批准后可按标准报销 50%的费用(须提供同类性质发票)；通信费、伙食补助费、短途交通费等补贴实行定额包干，餐费补助每天 200 元，通信费补助每天 50 元，其他短途交通补贴每天 80 元，执行定额包干的费用不再实报实销。员工在出差完毕后凭出差单及报销发票进行报销。

五、成绩评价参考标准

为帮助实训指导教师合理评价学生的实训成果，在此给出以下成绩评价标准作为参考。

(一)分数等级

会计综合模拟实训等地制和百分制的换算标准如表 1-6 所示。

表 1-6　会计综合模拟实训等地制与百分制的换算标准

等地制	百分制	等地制	百分制	等地制	百分制
优秀+	95 分以上	良好	80～84	中等-	65～69
优秀	90～95	良好-	75～79	及格	60～64
优秀-	85～89	中等	70～74	不及格	60 分以下

(二)评分标准

若实训环节由每位学生独立完成，则全部考核评分直接计入学生的个人成绩。以下为小组合作完成的评分标准：会计综合模拟实训采用“平时成绩+实训成果成绩+答辩成绩”的考评体系。

1. 平时成绩 40 分

(1)　日常考勤(实习纪律)10 分，无故迟到、早退每次扣 2 分，无故缺课每次扣 5 分，该部分成绩直接计入学生个人成绩。

(2)　作业批改 30 分，实训期间教师定期抽检实训小组的凭证账册，从正确性、完整性和及时性三个方面进行检查。原则上小组成员得到相同的成绩，以凸显团队协作的重要性。执行中教师可根据学生在凭证上的签名对成绩进行相应的调整，以便考核同组内的不同学生在岗位分工下的岗位胜任度情况。

2. 实训成果成绩 40 分

实验成果成绩依据学生所写的实训课程小结和上交的全套账簿单证进行评定。

(1)　实训课程小结 10 分。学生完成的实训课程小结应完整地记录其实训期间完成的主要工作、遇到的问题及解决方法，并陈述自己的实训体会，该部分成绩直接计入学生的个人成绩。

(2)　凭证账册 30 分。实训结束，各小组应提交装订完整的凭证、账簿和报表。教师从规范性、整洁性、正确性等方面进行评价。本部分各小组成员得到相同的成绩。

3. 答辩成绩 20 分

课程结束时，教师以面试的形式从学生完成的凭证账册(或知识点考察库)中随机抽三道题目，要求学生当场回答，无须准备。根据学生的回答情况给出评价，作为学生个体的成绩，以避免同组内因分工不均造成的实训不全面问题。

第二部分　实训资料

一、上海金锐铝业有限公司会计科目表

上海金锐铝业有限公司(以下简称金锐铝业)会计科目表，如表 2-1 所示。

表 2-1　金锐铝业会计科目表

科目编号	科目名称	科目编号	科目名称
	一、资产类		二、负债类
1001	库存现金	2001	短期借款
1002	银行存款	2201	应付票据
1012	其他货币资金	2202	应付账款
1101	交易性金融资产	2203	预收账款
1121	应收票据	2211	应付职工薪酬
1122	应收账款	2221	应交税费
1123	预付账款	2231	应付利息
1131	应收股利	2241	其他应付款
1132	应收利息	2501	长期借款
1221	其他应收款	2701	长期应付款
1231	坏账准备	2801	预计负债
1401	材料采购	2902	递延所得税负债
1402	在途物资		三、所有者权益类
1403	原材料	4001	实收资本
1404	材料成本差异	4002	资本公积
1405	库存商品	4101	盈余公积
1408	委托加工物资	4103	本年利润
1409	周转材料	4104	利润分配
1410	自制半成品①	4105	其他综合收益

① 为满足核算需要，企业自行增设“自制半成品”为一级科目，核算铸造车间铸造完成并移送仓库管理的各种汽车轮毂毛坯，该科目按照轮毂类别设置二级明细，期末余额计入存货项目中。

续表

科目编号	科目名称	科目编号	科目名称
1471	存货跌价准备		四、成本类
1501	持有至到期投资	5001	生产成本
1502	持有至到期投资减值准备	5101	制造费用
1503	可供出售金融资产		五、损益类
1511	长期股权投资	6001	主营业务收入
1512	长期股权投资减值准备	6051	其他业务收入
1521	投资性房地产	6101	公允价值变动损益
1531	长期应收款	6111	投资收益
1601	固定资产	6301	营业外收入
1602	累计折旧	6401	主营业务成本
1603	固定资产减值准备	6402	其他业务成本
1604	在建工程	6403	税金及附加
1605	工程物资	6601	销售费用
1606	固定资产清理	6602	管理费用
1701	无形资产	6603	财务费用
1702	累计摊销	6701	资产减值损失
1703	无形资产减值准备	6711	营业外支出
1811	递延所得税资产	6801	所得税费用
1901	待处理财产损溢	6901	以前年度损益调整

二、会计科目及账页格式

企业常用会计科目和账页格式如表 2-2 所示。根据实训需要，对模拟企业当月的实际业务进行了删减，以避免重复进行相似的业务处理；相应的账簿也进行了整合，以减少账页消耗。例如，原本按照销售区域设置明细账的“应收账款”合并为国内、海外两本明细账，其余账页也做了相应调整，在此不一一赘述。实训时可根据材料购买需要对账册设置进行调整。

表 2-2　会计科目及账页格式列表

总　账	二级明细账	三级明细账(或日记账)	账页格式
库存现金	人民币		三栏式日记账
银行存款	基本存款户	中国工商银行	三栏式日记账
	一般存款户	中国银行	三栏式日记账
	一般存款户(美元户)	中国银行	复币三栏式日记账
其他货币资金	银行汇票存款		三栏式
	信用卡存款	盛祥	三栏式
	信用卡存款	边江	三栏式
	存出投资款	交通银行	三栏式
交易性金融资产	股票(上海贝岭)		三栏式
应收票据			三栏式
应收账款	国内		三栏式
	海外		复币三栏式日记账
坏账准备			三栏式
预付账款			三栏式
应收股利			三栏式
应收利息			三栏式
其他应收款			三栏式
材料采购	铝锭		横线登记式
	34#涂料		横线登记式
	39#涂料		横线登记式
	NTC 漆		横线登记式
	燃料		横线登记式
在途物资			三栏式
原材料	原料及主要材料(计划成本)	铝锭(125 000 千克，18 元/千克)	数量金额式
		34#涂料(10 000 千克，1 元/千克)	数量金额式
		39#涂料(12 000 千克，5 元/千克)	数量金额式
		NTC 漆(5 700 升，80 元/升)	数量金额式
		燃料(90 吨，420 元/吨)	数量金额式
	辅助材料(实际成本)	精炼剂(3 020 千克，14.8 元/千克)	数量金额式
		清渣剂(500 千克，4 元/千克)	数量金额式
		锶变质剂(820 千克，20 元/千克)	数量金额式

续表

总 账	二级明细账	三级明细账(或日记账)	账页格式
原材料	辅助材料(实际成本)	铝合金锯片(25 片，220 元/片)	数量金额式
		单刃螺旋铣刀(30 个，28 元/个)	数量金额式
		精油溶剂(稀释剂 1 500 升，18.5/升)	数量金额式
		包装材料(包装套 10 000 个，0.2 元/个)	数量金额式
		木材(41.83 立方米，2 000 元/立方米)	数量金额式
委托加工物资			三栏式
自制半成品	14 寸轮毂毛坯	396 只，4950 千克	数量金额式[①]
	15 寸轮毂毛坯	400 只，5000 千克	数量金额式
	16 寸轮毂毛坯	135 只，1687.5 千克	数量金额式
周转材料	低值易耗品		三栏式
	包装物	在库(140 只)	数量金额式
		在用(160 只)	数量金额式
		摊销	数量金额式
材料成本差异	原料及主要材料(计划成本)	铝锭(325 000 千克，18 元/千克)	三栏式
		34#涂料(10 000 千克，1 元/千克)	三栏式
		39#涂料(12 000 千克，5 元/千克)	三栏式
		NTC 漆(4 625 升，80 元/升)	三栏式
		燃料(90 吨，420 元/吨)	三栏式
库存商品	14 寸轮毂	3 000 件，单位成本 220 元	数量金额式
	15 寸轮毂	2 130 件，单位成本 250 元	数量金额式
	16 寸轮毂	3 900 件，单位成本 299.36 元	数量金额式
	进口轮毂		数量金额式
存货跌价准备			三栏式
持有至到期投资	12 国电 01(5 年期、4.35%、每年 6 月 30 日计息付息)2013 年 7 月 1 日购入		三栏式
持有至到期投资减值准备			三栏式
可供出售金融资产			三栏式
长期股权投资	上海宏嘉科技股份有限公司	成本	三栏式

① 自制半成品按照实际成本分项结转，须记录各分项数据，故使用多栏式账簿。

续表

总　账	二级明细账	三级明细账(或日记账)	账页格式
长期股权投资减值准备			三栏式
固定资产			三栏式
累计折旧			三栏式
固定资产减值准备			三栏式
在建工程			三栏式
工程物资			三栏式
固定资产清理			三栏式
无形资产			三栏式
累计摊销			三栏式
递延所得税资产			三栏式
待处理财产损溢			三栏式
生产成本——基本生产成本	铸造车间		多栏式生产成本明细账
	机加车间		多栏式生产成本明细账
	涂装车间		多栏式生产成本明细账
生产成本——辅助生产成本	维修车间		多栏式(9 栏)
制造费用	铸造车间		多栏式(9 栏)
	机加车间		多栏式(9 栏)
	涂装车间		多栏式(9 栏)
	质检部		多栏式(9 栏)
短期借款			三栏式
应付票据			三栏式
应付账款			三栏式
应付利息			三栏式
预收账款			三栏式
应付职工薪酬			三栏式

续表

总 账	二级明细账	三级明细账(或日记账)	账页格式
应交税费	应交增值税		多栏式增值税明细账
	应交城建税		三栏式
	应交房产税		三栏式
	应交教育费附加		三栏式
	应交土地使用税		三栏式
	应交个人所得税		三栏式
	应交企业所得税		三栏式
	应交车船使用税		三栏式
应付股利			三栏式
其他应付款			三栏式
长期借款			三栏式
预计负债			三栏式
递延所得税负债			三栏式
实收资本			三栏式
资本公积			三栏式
盈余公积			三栏式
利润分配	未分配利润		三栏式
其他综合收益			三栏式
本年利润			三栏式
主营业务收入	14 寸轮毂		三栏式
	15 寸轮毂		三栏式
	16 寸轮毂		三栏式
其他业务收入			三栏式
投资收益			三栏式
营业外收入			三栏式
主营业务成本	14 寸轮毂		三栏式
	15 寸轮毂		三栏式
	16 寸轮毂		三栏式
其他业务成本			三栏式
税金及附加			三栏式
管理费用			多栏式(14 栏)
销售费用			多栏式(14 栏)
财务费用			三栏式
资产减值损失			三栏式

续表

总　账	二级明细账	三级明细账(或日记账)	账页格式
公允价值变动损益			三栏式
营业外支出			三栏式
所得税费用			三栏式

三、期初余额及损益类账户 1—11 月累计发生额

上海金锐铝业有限公司有关账户期初余额资料，如表 2-3 所示。

表 2-3　上海金锐铝业有限公司有关账户期初余额资料

单位：元

总　账	二级明细账	三级明细账(或日记账)	期初余额
库存现金	人民币		4 139.41
银行存款	基本存款户	中国工商银行	2 154 400.55
	一般存款户	中国银行	288 410.41
	一般存款户(美元户)	中国银行	0.00
其他货币资金	银行汇票存款		0.00
	信用卡存款	盛祥	10 000.00
	信用卡存款	边江	10 000.00
	存出投资款	交通银行	52 000.00
交易性金融资产	股票(上海贝岭)	成本(10 000 股)	173 100.00
		公允价值变动	2 500.00
应收票据	银行承兑汇票	安徽美仑汽车配件有限公司	233 064.00
	商业承兑汇票	深圳永华汽车部件有限公司	46 800.00
应收账款	西南区	江西明珠汽车用品有限公司	98 879.50
	上海区	上海聚龙汽车修理厂	50 000.00
	华南区	深圳天明轮毂有限公司	0.00
	海外	印尼 PT Kreasi Galatama	0.00
	海外	香港 CTC Industrial Ltd	146 106.00
坏账准备	应收账款(贷余)		(7 125.00)
	其他应收款		0.00
预付账款	报刊订阅费		351.22
	财产保险费		96 800.67
	机动车辆保险费		10 000.00

续表

总 账	二级明细账	三级明细账(或日记账)	期初余额
应收股利			0.00
应收利息			0.00
其他应收款			0.00
材料采购	铝锭		0.00
	34#涂料		0.00
	39#涂料		0.00
	NTC 漆		0.00
	燃料	煤炭(80 吨， 430 元/吨，苏州盛荣燃料商行)	34 400.00
在途物资			0.00
原材料	原料及主要材料(计划成本)	铝锭(125 000 千克，18 元/千克)	2 250 000.00
		34#涂料(10 000 千克，1 元/千克)	10 000.00
		39#涂料(11 970 千克，5 元/千克)	59 850.00
		NTC 漆(4 625 升，80 元/升)	370 000.00
		燃料(90 吨，420 元/吨)	37 800.00
	辅助材料(实际成本)	精炼剂(1 020 千克，14.8 元/千克)	15 096.00
		清渣剂(500 千克，4 元/千克)	2 000.00
		锶变质剂(820 千克，20 元/千克)	16 400.00
		铝合金锯片(25 片，220 元/片)	5 500.00
		单刃螺旋铣刀(30 个，28 元/个)	840.00
		精油溶剂(稀释剂 1 500 升，18.5/升)	27 750.00
		包装材料(包装套 10 000 个，0.2 元/个)	2 000.00
		木材(41.83 立方，2 000 元/立方米)	83 660.00
委托加工物资			0.00
自制半成品	14 寸轮毂毛坯	396 只，4 950 千克	99 000.00
	15 寸轮毂毛坯	400 只，5 000 千克	108 000.00
	16 寸轮毂毛坯	135 只，1 687.5 千克	37 800.00
周转材料	低值易耗品	办公用品(复印纸、办公用具等)	12 400.00
		电子耗材(打印墨盒、硒鼓等)	11 000.00
		设备易损耗材(维修辅助等)	290 000.00
	包装物	在库(140 只)	7 350.00
		在用(160 只)	8 500.00
		摊销	(4 250.00)

续表

总　账	二级明细账	三级明细账(或日记账)	期初余额
材料成本差异	原料及主要材料(计划成本)	铝锭(325 000 千克，18 元/千克)	3 250.00
		34#涂料(10 000 千克，1 元/千克)	4 300.00
		39#涂料(12 000 千克，5 元/千克)	(1 500.00)
		NTC 漆(8 000 升，80 元/升)	(2 681.00)
		燃料(90 吨，420 元/吨)	265.00
库存商品	14 寸轮毂	3 000 件，单位成本 220 元	660 000.00
	15 寸轮毂	2 130 件，单位成本 250 元	532 500.00
	16 寸轮毂	3 900 件，单位成本 299.36 元	1 167 500.00
	进口轮毂		0.00
存货跌价准备			0.00
持有至到期投资	12 国电 01(5 年期、4.35%、每年 6 月 30 日计息付息)2013 年 7 月 1 日购入	成本	500 000.00
		利息调整	6 145.24
持有至到期投资减值准备			0.00
可供出售金融资产			0.00
长期股权投资	上海宏嘉科技股份有限公司	成本	1 500 000.00
长期股权投资减值准备			0.00
固定资产	房屋等建筑物		2 760 000.00
	机器设备		24 500 800.00
	管理设备		500 000.00
	运输工具		1 000 000.00
累计折旧	房屋等建筑物		(1 104 000.00)
	机器设备		(12 250 400.00)
	管理设备		(300 600.00)
	运输工具		(600 800.00)
固定资产减值准备			0.00
在建工程			0.00
工程物资			0.00

续表

总　账	二级明细账	三级明细账(或日记账)	期初余额
固定资产清理			0.00
无形资产	非专利技术		84 000.00
	商标权		120 000.00
累计摊销	非专利技术		(23 000.00)
	商标权		(60 000.00)
递延所得税资产			0.00
待处理财产损溢			0.00
生产成本——基本生产成本	铸造车间	直接材料	0.00
		直接人工	0.00
		燃料动力	0.00
		制造费用	0.00
	机加车间	直接材料	87 750.77
		直接人工	5 040.50
		燃料动力	13 195.40
		制造费用	9 668.06
	涂装车间	直接材料	81 932.82
		直接人工	6 483.38
		燃料动力	13 824.86
		制造费用	9 926.89
生产成本——辅助生产成本	维修车间		0.00
制造费用	铸造车间		0.00
	机加车间		0.00
	涂装车间		0.00
	质检部		0.00
短期借款	中国工商银行	流动资金	600 000.00
应付票据	商业承兑汇票	安徽鼎盛铝业有限公司	100 000.00
应付账款	安徽福斯特铝业有限公司		3 999 388.68
	深圳瑞克有限公司		250 000.00
	深圳利兴表面处理有限公司		500 760.00

续表

总　账	二级明细账	三级明细账(或日记账)	期初余额
应付利息			17 400.00
预收账款	河北新郎玛汽车配件有限公司		50 000.00
应付职工薪酬			302 000.00
应交税费	应交增值税		195 386.00
	应交城建税		14 350.00
	应交房产税		2 750.00
	应交教育费附加		6 150.00
	应交土地使用税		780.00
	应交个人所得税		9614.00
	应交企业所得税		22 580.00
其他应付款			0.00
长期借款	生产线借款		8 786 000.00
预计负债			0.00
递延所得税负债			0.00
实收资本			6 000 000.00
资本公积	资本溢价		132 176.00
	其他资本公积		5 800.00
盈余公积			282 750.00
利润分配	未分配利润		4 045 718.23
其他综合收益			0.00
本年利润			754 521.77

上海金锐铝业有限公司损益类账户 1—11 月发生额资料，如表 2-4 所示。

表 2-4　上海金锐铝业有限公司损益类账户 1—11 月发生额资料

会计科目		发生额累计(1—11 月)	
总账科目	明细科目	借　方	贷　方
主营业务收入	14 寸轮毂	4 789 558.60	4 789 558.60
	15 寸轮毂	10 758 945.89	10 758 945.89
	16 寸轮毂	5 869 574.58	5 869 574.58
	合计	21 418 079.07	21 418 079.07
其他业务收入	销售包装物	84 985.20	84 985.20
	销售原材料	59 745.00	59 745.00

续表

会计科目		发生额累计(1—11月)	
总账科目	明细科目	借　方	贷　方
其他业务收入	转让非专利技术	68 000.00	68 000.00
	合计	212 730.20	212 730.20
投资收益		254 879.00	254 879.00
营业外收入		57 821.60	57 821.60
主营业务成本	14 寸轮毂	3 359 876.51	3 359 876.51
	15 寸轮毂	8 594 758.55	8 594 758.55
	16 寸轮毂	4 185 798.22	4 185 798.22
	合计	16 140 433.28	16 140 433.28
其他业务成本	销售包装物	59 897.60	59 897.60
	销售原材料	52 628.50	52 628.50
	转让非专利技术	47 800.00	47 800.00
	合计	160 326.10	160 326.10
税金及附加		389 576.78	389 576.78
管理费用		2 587 694.28	2 587 694.28
销售费用		1 382 500.40	1 382 500.40
财务费用		258 000.00	258 000.00
资产减值损失		0.00	0.00
公允价值变动损益		49 800.00	49 800.00
营业外支出		68 750.00	68 750.00
所得税费用		251 507.26	251 507.26

四、资产负债表各项目 2016 年 12 月月初数

上海金锐铝业有限公司 2016 年 12 月资产负债表月初数，如表 2-5 所示。

表 2-5　上海金锐铝业有限公司 2016 年 12 月资产负债表月初数

资产负债表

会企 01 表

编制单位：上海金锐铝业有限公司　　　　2016 年 11 月 30 日　　　　单位：元

资　产	期末余额	年初余额	负债和所有者权益(或股东权益)	期末余额	年初余额
流动资产：			流动负债：		
货币资金	2 518 950.37	88 212.26	短期借款	600 000.00	350 000.00

续表

资　产	期末余额	年初余额	负债和所有者权益(或股东权益)	期末余额	年初余额
交易性金融资产	175 600.00	258 000.00	以公允价值计量且其变动计入当期损益的金融负债	0.00	0.00
衍生金融资产	0.00	0.00	衍生金融负债	0.00	0.00
应收票据及应收账款	567 724.50	205 276.67	应付票据及应付账款	4 850 148.68	2 827 823.48
预付账款	107 151.89	993 417.96	预收账款	50 000.00	1 394 849.83
其他应收款	0.00	609 327.21	应付职工薪酬	302 000.00	265 000.00
存货	6 076 552.68	3 334 624.13	应交税费	251 610.00	598 789.60
持有待售资产	0.00	0.00	其他应付款	17 400.00	151 005.00
一年内到期的非流动资产	0.00		持有待售负债		
其他流动资产	0.00		一年内到期的非流动负债		
流动资产合计	9 445 979.44	5 488 858.23	其他流动负债		
非流动资产：			流动负债合计	6 071 158.68	5 587 467.91
可供出售金融资产	0.00	0.00	非流动负债：		
持有至到期投资	506 145.24	509 125.96	长期借款	8 786 000.00	8 524 000.00
长期应收款	0.00	0.00	应付债券	0.00	0.00
长期股权投资	1 500 000.00	2 400 000.00	其中：优先股		
投资性房地产	0.00	0.00	永续债		
固定资产	14 505 000.00	15 802 000.00	长期应付款	0.00	0.00
在建工程	0.00	0.00	预计负债	0.00	0.00
生产性生物资产	0.00	0.00	递延收益	0.00	0.00
油气资产	0.00	0.00	递延所得税负债	0.00	0.00
无形资产	121 000.00	128 000.00	其他非流动负债		
开发支出			非流动负债合计	8 786 000.00	8 524 000.00
商誉	0.00	0.00	负债合计	14 857 158.68	14 111 467.91
长摊待摊费用	0.00	0.00	所有者权益(或股东权益)：		
递延所得税资产	0.00	0.00	实收资本(或股本)	6 000 000.00	6 000 000.00
其他非流动资产			其他权益工具		
非流动资产合计	16 632 145.24	18 839 125.96	其中：优先股		

续表

资　产	期末余额	年初余额	负债和所有者权益(或股东权益)	期末余额	年初余额
			永续债		
			资本公积	137 976.00	135 000.00
			其他综合收益	0.00	0.00
			盈余公积	282 750.00	252 000.00
			未分配利润	4 800 240.00	3 829 516.28
			所有者权益(或股东权益)合计	11 220 966.00	10 216 516.28
资产总计	26 078 124.68	24 327 984.19	负债和所有者权益(或股东权益)合计	26 078 124.68	24 327 984.19

五、企业 12 月经济业务说明

业务 1. 12 月 1 日，财务部报销购买办公用品费 994.50 元，以现金支付。

说明：会计人员应根据填制完整的费用报销单进行业务处理，因本业务为财务部门内部业务，故仅提供空白报销单，请填制完成后再进行后续业务处理。

业务 2. 12 月 1 日，根据合同要求，上海聚龙汽车修理厂用转账支票支付上月轮毂购货欠款的 50%，即 25 000 元。请根据转账支票内容开具进账单，发票上月已入账，此处不再给出发票样张，发票号码为 02123205。

业务 3. 12 月 2 日，签发现金支票，从银行提取备用金 4 000 元。

说明：为使实训更贴近现实，仿真企业现金支票簿和转账支票簿。本次实训中，凡需要本企业填制的现金支票、转账支票，须自行到“第四部分、空白支票、报表”部分裁剪填制，不再按业务顺序在“第三部分 企业 12 月经济业务原始凭证”部分给出。填制时请注意选择支票种类，注意连续编号，并配合支票领用登记簿(业务 3-1、业务 3-2)使用。

业务 4. 12 月 2 日，签发转账支票一张，预付各科室下一年度的报刊订阅费 5 824.32 元，收到邮局的订阅收据。

业务 5. 12 月 2 日，铸造车间、机加车间、涂装车间和维修车间分别填制领料单，向原材料仓库领用生产所需各类材料。(无须填制凭证，月底统一核算。)

业务 6. 12 月 3 日，填写银行汇票申请书，向银行申领银行汇票和解讫通知(第二联和第三联)，金额 360 000 元，由采购员董杉持往安徽福斯特铝业有限公司采购轮毂生产用原材料 A356.2 合金铝锭。安徽福斯特铝业有限公司地址：安徽省安庆市怀宁县工业园三期，电话：0556-88620008，开户行及账号：招商银行安庆分行 556900000919119，纳税人识别号：91340822570418685X。出差前，董杉预借差旅费 4 000 元。

业务 7. 12 月 4 日，向中国银行申请签发不定额的银行本票一张，金额为 183 924 元，交给采购员王新宇，用于向深圳瑞克材料有限公司采购NTC纳米漆(前期谈判已确定采购价格为78.6元/升，共采购2 000升，上述金额为不含税价)。王新宇出发前预借差旅费2 000元。

业务8. 12月4日，涂装车间生产的一批14寸汽车轮毂完工入库，共计500只。(无须填制凭证，月底统一核算。)

说明：此处基于业务发生的时间顺序，加入产品入库单示例。以后为避免业务重复，财务部门收到产品入库单后均不再说明，而是统一汇总到业务79中处理。

业务9. 12月5日，开出转账支票一张，金额为75 000元，支付上海康德工贸有限公司下一年度一季度办公用房租75 000元。

业务10. 12月5日，通过网银转账向办公场地出租方上海康德工贸有限公司支付11月水电费，共计1 089.75元，另支付手续费1元。

业务11. 12月5日，从安徽鼎盛铝业有限公司采购精炼剂1 000千克，价格15.20元/千克；清渣剂2 000千克，价格4.50元/千克；锶变质剂1 500千克，价格21元/千克，价税合计65 169元。材料尚未收到，双方订立购销合同，约定采用现金折扣方式结算，折扣条件为：1/10，N/30，计算折扣时不考虑增值税。

业务12. 12月6日，向印度尼西亚PT Kreasi Galatama公司销售汽车轮毂一批，重量为3 156.2千克，美元金额总价22 532.07美元，出口汇率为6.458 9，折算人民币金额为145 532.38元。货物已发出，款项尚未收到。(记账联用于记账，发票联用于申报出口退税。)

业务13. 12月6日，采购员王新宇自深圳返回，提供深圳瑞克材料有限公司方面出具的NTC纳米漆采购发票，注明价税合计金额为183 924元(采购价格为78.6元/升，采购2 000升)，用银行本票支付，材料尚未到达。王新宇出发前预借差旅费2 000元，现报销差旅费2 150元。

说明：通常情况下，差旅费报销单应由出差人填制后，交由财务人员审核，但为增加学生在实训中的锻炼机会，仅提供空白报销单，学生应根据企业的出差规定和报销标准先填制差旅费报销单，再进行后续业务处理。

业务14. 12月7日，通过网银转账支付发往印度尼西亚的货物运费。承运单位为上海德邦物流有限公司，运送目的地为浙江北仑港，运费为2 031.97元。

业务15. 12月8日，向深圳天明轮毂有限公司销售14寸汽车铝轮150件，单价350元，价税合计61 425元。开具增值税专用发票，货物已发出，款项采用托收承付方式，尚未收到。

业务16. 12月9日，向深圳天明轮毂有限公司销售的汽车轮毂交由上海德邦物流有限公司托运，通过网银转账向上海德邦物流有限公司支付上海至深圳货物运费1 017元，运费增值税税率11%。

业务17. 12月9日，收到安徽福斯特铝业有限公司开来的增值税专用发票，注明采购铝锭15 000千克，价税合计350 574.48元。采购员董杉报销其前往安徽安庆采购部件的差旅费3 646元，退回多余借款354元。

业务 18. 12 月 9 日，缴纳上月增值税 195 386 元、城市维护建设税 14 350 元、教育费附加 6 150 元、房产税 2 750 元、城镇土地使用税 780 元、个人所得税 9 614 元、企业所得税 22 580 元。

业务 19. 12 月 10 日，上月从苏州盛荣燃料商行购入的 80 吨煤(燃料)运达企业，价格 430 元/吨，已验收入库。

业务 20. 12 月 10 日，铸造车间、涂装车间、质检部和财务部分别填制领料单，向原材料仓库领用各类材料。(无须填制凭证，月底统一核算。)

业务 21. 12 月 10 日，公司对库存现金进行清查，发现短缺 50 元。

业务 22. 12 月 11 日，9 月份购货时开给安徽鼎盛铝业有限公司的一张中国银行不带息商业承兑汇票今日到期，票面金额 100 000 元(见资产负债表期初余额)，已经收到中国银行转来的委托收款凭证的付款通知联。

业务 23. 12 月 12 日，采购员董杉向深圳利兴表面处理有限公司购入轮毂喷涂材料 34#漆和 39#漆(34#涂料 10 000 千克，不含税单价 1.05 元，39#涂料 10 000 千克，不含税单价 4.90 元，价税合计 69 615 元)，当日办理铁路托运，发生运输费 1 665 元，搬运装卸费 53 元。货物价款在收到银行转来的托收凭证后通过工行转账支付，运杂费开具转账支票支付。材料尚未到达。(因运费金额不大，不进行分摊，统一由 34#漆承担)

业务 24. 12 月 13 日，向深圳天明轮毂有限公司销售 16 寸汽车铝轮 200 件，单价 485 元，增值税税率为 17%，价税合计 113 490 元。货已发出，货款暂未收到。双方订立购销合同，约定采用现金折扣方式结算，折扣条件为：2/10，1/20，N/30。(计算折扣时不考虑增值税。)

业务 25. 12 月 13 日，上述现金短缺原因无法查明，批准转入管理费用。

业务 26. 12 月 14 日，根据“工资结算汇总表”(横表 26-1)，结转本月各项员工个人负担而由企业代扣的款项共计 89 013.34 元，并开出转账支票支付员工工资。

说明：工商银行代发工资账号为 31001531320056003725，每个月发工资前企业填写转账支票，收款单位为本公司名称，出票人账号是用以发放工资的银行账号，另外填写进账单时，收款人和开户行与支票填写相同，而收款人账号为银行代发工资账号。

业务 27. 12 月 14 日，根据本月工资基数缴纳企业应负担的各项社会保险(养老保险金、失业保险金、基本医疗保险费、生育保险费、工伤保险费)和住房公积金，工会经费，职工教育经费等(横表 27-1)。

要求：

(1) 填制行政拨缴工会缴款书(六联单)，将本月计提的工会经费 8 988.45 元以及公司员工应缴纳的职工工会会费 750 元解缴公司工会和上级工会。公司缴纳的工会经费 40%上解上级工会，60%转入公司工会户头，代扣的职工工会会费直接划转公司工会户头。公司工会银行存款户为中国工商银行上海闵行支行，账号为 31001531320057004829，公司上级工会为上海市闵行区总工会，开户银行为中国工商银行浦江支行，账号为 31001542680025112248。

(2) 填制上海市公积金汇缴书，用转账支票向建设银行公积金户头缴付职工住房公积金 62 919.16 元，其中企业负担部分和职工负担部分均为 31 459.58 元，职工负担部分由企业代扣代缴。企业的公积金账号为 884317219205，单位名称为上海金锐铝业有限公司公积金专户。(公司上月汇缴金额也是 62 919.16 元。)

(3) 收到建设银行转来的上海市社会保险事业管理中心闵行分中心的职工社会保险费征收明细表，缴纳各类社会保险费 193 251.68 元，用转账支票支付。

业务 28. 12 月 15 日，开出转账支票，支付上海永安防水工程公司对仓库和办公大楼的修理费用 3 625.60 元，上海永安防水工程公司为小规模纳税人，不能开具增值税专用发票。

业务 29. 12 月 15 日，向江西明珠汽车用品有限公司销售 14 寸汽车铝轮 200 件，单价 348 元；15 寸汽车铝轮 250 件，单价 390 元；16 寸汽车铝轮 100 件，单价 498 元，增值税税率为 17%，价税合计为 253 773 元。货已发出，并向银行办理托收承付结算手续(按照验货承付的约定，对方应在收到提货通知后 10 日内付款。)

业务 30. 12 月 15 日，委托浙江金伯荣木器加工厂加工 500 只包装箱。发出材料的实际成本为 20 500 元。(因木材主要用于加工包装箱，为便于成本计算，故单独采用先进先出法。)

业务 31. 12 月 15 日，以转账支票支付本月 5 日向安徽鼎盛铝业有限公司购入的辅料货款，享受 1%的现金折扣。材料已收到并验收入库。

说明：采用计划成本法核算的材料入库时需要计算材料成本差异，采用实际成本法核算的材料仅需要登记实际采购成本。

业务 32. 12 月 16 日，向河北新郎玛汽车配件有限公司销售 14 寸汽车轮毂 500 件，不含税单价 358 元，价税合计 209 430 元，货物已发出，11 月 27 日预收对方定金 50 000 元。企业已办妥托收承付手续。

业务 33. 12 月 16 日，将上月 16 日销货时由安徽美仑汽车配件有限公司交来的一张银行承兑汇票到工商银行申请贴现，票面金额为 233 064 元(见资产负债表期初余额)，票面利率为 4%，期限 3 个月。银行规定贴现利率为 5%，贴现协议中不附带追索条款。款项已转入企业账户。

业务 34. 12 月 16 日，向深圳利兴表面处理有限公司购入轮毂喷涂材料 34#漆和 39#漆(34#涂料 10 000 千克，计划成本为 1 元/千克；39#涂料 10 000 千克，计划成本为 5 元/千克)，材料已验收入库。

业务 35. 12 月 16 日，向深圳天明轮毂有限公司销售汽车轮毂一批，同时随产品销售包装箱 30 只，开出增值税发票。货已发出，收到对方开来的一张不带息、3 个月到期的商业承兑汇票，票面金额为 268 398 元。其中，14 寸汽车铝轮 200 件，单价 340 元；15 寸汽车铝轮 280 件，单价 395 元；16 寸汽车铝轮 100 件，单价 490 元，增值税税率为 17%。包装箱 30 只，单价 60 元，增值税税率为 17%。包装箱期初结余 140 只，单位成本为 52.50 元。

业务 36. 12 月 16 日，质检部领用压力表 6 块，单位成本 620 元；修理车间领用电焊机 3 台，单位成本 690 元；行政部领用打印硒鼓 5 个，单位成本 380 元。(低值易耗品核算、一次转销法。)

业务 37. 12 月 17 日，与安徽鼎盛铝业有限公司签订采购合同，购买 A356.2 合金铝锭 8 000 千克，单价 20.8 元，价税合计 194 688 元，取得增值税专用发票。按照合同规定，当日以支票预付 30%的购货款。货物尚未收到。

业务 38. 12 月 18 日，企业 11 月进口的宝马 3 系汽车轮毂散件(132 千克，进口价格 7 312 元)完成申报入关后，收到海关进口关税缴款书和进口增值税缴款书。通过银行转账缴纳进口关税 731.20 元和增值税 1 367.34 元。货物验收入库，货款尚未支付。

业务 39. 12 月 18 日，为在厂区搬运轮毂，自芜湖市合叉叉车销售有限公司购入 FD30-35R 叉车 2 台。取得增值税专用发票，注明不含税单价 30 000 元，价税合计 70 200 元，通过转账支票支付。叉车已验收并交付使用。

业务 40. 12 月 19 日，将上月收到的金额为 46 800 元的深圳永华汽车部件有限公司交来的不带息的商业承兑汇票，背书转让给深圳瑞克材料有限公司，不附带追索权，用于偿还上月所欠购买清渣剂和精炼剂的货款 62 800 元。不足部分以转账支票付清。

业务 41. 12 月 19 日，接到银行通知，公司上半年度已经冲销的 58 500 元坏账(浙江嘉兴顺达汽车修理厂)又收回，已入账。

业务 42. 12 月 20 日，根据合同要求，上海聚龙汽车修理厂用银行本票结算上月轮毂购货欠款的余下 50%，即 25 000 元。请根据本票办理转账手续并开具进账单，发票上月已入账，此处不再给出发票样张，发票号码为 02123205。

业务 43. 12 月 20 日，本月 3 日从安徽福斯特铝业有限公司购入的铝锭运达企业，短缺 100 千克，实收 14 900 千克，办理入库手续，短缺原因尚未查明。

说明：短缺部分暂计入待处理财产损溢，待原因查明后再进行处理。

业务 44. 12 月 20 日，根据利息收入回单结算企业基本户、一般户和美元户利息收入。(银行每季度末 20、21 日结算活期户头利息，美元当日汇率为 6.5301。)

业务 45. 12 月 21 日，收到公司开户银行转来的银行汇票结算凭证，支付安徽福斯特铝业有限公司原材料价款 299 636.31 元，增值税 50 938.17 元，收到银行退还余款 9 425.52 元。

业务 46. 12 月 21 日，向上海聚龙汽车修理厂开具增值税发票，销售 14 寸汽车轮毂 100 件，单价 345 元，增值税税率为 17%。货已发出，对方直接以转账支票支付货款。同时，公司领用 5 只全新的包装箱，无偿提供给上海聚龙汽车修理厂周转使用。包装箱发出计价采用先进先出法，摊销采用五五摊销法，月末统一结转发出成本。

业务 47. 12 月 22 日，4 日从深圳瑞克材料有限公司购入的纳米漆 2 000 升运达企业，实收 2 000 升，办理入库手续。(计划成本为 80 元/升)

业务 48. 12 月 22 日，将一项非专利技术的使用权转让给上海金达铝业有限公司，转让费为 25000 元，开出发票，收到对方签发的支票。公司已入账。

(说明：一般纳税人技术所有权转让属于“营改增”的范围，现行税法规定按照“部分现代服务业——研发和技术服务”6%的适用税率计算缴纳增值税。)

业务 49. 12 月 22 日，收到上海闵行燃气公司转来的增值税专用发票，用转账支票支付本月铸造车间生产用燃气 199 749.75 元。

业务 50. 12 月 22 日，收到上海市电力公司转来的电费专用发票，用转账支票支付三个生产车间电费，共计 160 248.24 元。(管理部门电费已经单独支付给办公场地物业管理方康德工贸有限公司。)

要求：

(1) 填制转账支票。

(2) 按照三个车间的生产用电情况分配车间电费。其中铸造车间耗电 48 274.59 千瓦时，机加车间耗电 42 756.31 千瓦时，涂装车间耗电 38 424.96 千瓦时。电价为 1.058 元/千瓦时。

业务 51. 12 月 23 日，公司根据需要，以库存的一台 GF12 汽车起重机换入安徽银湖电子科技有限公司的所需电气元件 100 套，以供机加车间所需的各类加工设备使用。该汽车起重机的账面价值为 82 400 元，公允价值为 100 000 元，增值税为 17 000 元。电气元件的公允价值为 114 000 元，增值税为 19 380 元。支付运输费用 1 000 元，税率为 11%，支付补价 14 000 元。商品已发出，电气元件已入库。

业务 52. 12 月 23 日，收到银行转来的入账通知，本月 13 日销售给深圳天明轮毂有限公司的货款已入账。(98%，享受现金折扣 2%)

业务 53. 12 月 23 日，公司经批准新建一座原材料仓库。为该项工程购入 20 吨钢材，每吨 3 120 元，增值税发票列明：不含税价款 62 400 元，价税合计 73 008 元。另向上海德邦物流有限公司支付运费 1 000 元，增值税税率为 11%，价税合计 1 110 元，货已验收入库，款项已用工商银行支票支付。当日，工程建设领用 10 吨。

业务 54. 12 月 23 日，将质检部一台 2009 年以后购入的不再使用的 X 光检测仪转让给新喜力铝业公司，原价 32 800 元，已提折旧 13 120 元，转让价款(不含税)15 000 元，当日收到对方开具的支票并已收妥入账。(因对方是小规模纳税人，故开具普通发票。)

业务 55. 12 月 24 日，新喜力铝业公司将设备运走，结算设备清理损益。

业务 56. 12 月 24 日，公司开展年末财产清查，发现盈亏情况如下：

(1) 盘亏 A356.2 铝锭 150 千克(月末按计划成本处理)；

(2) 盘亏木材 2 立方米，单位成本 2 000 元/立方米；

(3) 盘盈全新冲击试验仪 10 台，为公司检测用低值易耗品，其市场价格 792 元/台。

业务 57. 12 月 24 日，将企业持有的上海贝岭的 10 000 股股票以每股 18.20 元的价格销售。扣除交易费用(假定印花税、佣金、过户费等合计为 0.3%)后，实际收到款项 181 454 元(使用其他货币资金核算)。当日，又以 20.92 元的价格购入龙宇燃油股票 10 000 股，包含交易费用共支付 209 827.60 元。依旧使用交易性金融资产科目核算。

业务 58. 12 月 25 日，开出现金支票，自银行取现 5 000 元备用，同时报销财务部 3 人报销“营改增”业务培训费 3 000 元，收到中国总会计师协会委托上海国培创新教育科技股份有限公司开具的发票。(该公司属于小规模纳税人，税率为6%)。

业务59. 12月25日，收到工商银行转来的闵行区环保局的专用托收凭证，已经支付排污水费857.60元。

业务60. 12月25日，财务部向上海信立文化用品有限公司购买账本60个，12元/本；三联式无碳复写收据30本，18元/本。增值税发票列明的价款为1 260元，税额为214.20元，以现金支付。

业务61. 12月25日，归还到期的流动资金贷款，本息合计619 575元(已经预提17 400元利息)。

业务62.　12月26日，有关部门已经查明材料短缺和盘亏的原因，其中：①盘亏A356.2铝锭150千克系收发计量错误，转入管理费用；②盘亏木材2立方米，单位成本2 000元/立方米系保管员管理不善，造成材料毁损后直接丢弃，由保管员个人赔偿500元，其余转入管理费用；③盘盈冲击试验仪10台，其市场价格880元/台，估计九成新。原因是今年购买时漏记所致，由于金额不大，冲减管理费用；④本月20日入库短缺的100千克铝锭系运输问题，由承运单位安徽速达有限公司赔付，尚未收到款项。

业务63. 12月26日，总经理盛祥将本月使用公司信用卡结算的招待客户就餐费9 586元交财务处报销。会计核实后结清款项。

业务64. 12月27日，本月16日向深圳天明轮毂有限公司销售汽车轮毂中，对方提出16寸汽车铝轮因货物不符合需求而申请退货(共100件，单价490元)；开具退货发票，相关款项尚未退还。

说明：步骤：①商品退库；②上税务系统填写“信息表”；③根据税务局审核批复的“信息表”开具红字发票。

业务65. 12月28日，本月15日委托浙江金伯荣木器加工厂加工500只包装箱(发出材料的实际成本为20 500元)现验收入库，支付加工费5 000元，增值税税率为17%，以支票支付5850元。(该包装箱是用来出售的。)

业务66. 12月28日，收到银行转来的入账通知，12月15日销售给江西明珠汽车用品有限公司的货款253 773元已收到。

业务67. 12月28日，收到银行转来的委托收款付款通知，支付上海市自来水闵行有限公司本月水费15 308.55元。(管理部门水费已经单独支付给办公场地物业管理方康德工贸有限公司。)

要求：按照三个车间的生产用水情况分配车间水费。其中铸造车间用水680.6873立方米，机加车间用水908.996 8立方米，涂装车间用水560.695 2立方米。单位水费为6.3元/立方米。

业务68. 12月30日，编制无形资产摊销表，摊销本月无形资产。

业务69. 12月30日，根据固定资产折旧计提表计提本月固定资产折旧。(除生产设备以外的固定资产折旧采用直线法核算，生产设备采用加速折旧法计提折旧，净残值率统一定为 5%。房屋、建筑物使用寿命为 20 年，管理部门用设备使用寿命为 5 年，生产设备使用寿命为 10 年，运输工具使用寿命 5 年。)

业务 70. 12 月 31 日，摊销本月行政部门的报刊订阅费、财产保险费和机动车保险费。(因为是按季预付，分月摊销，本月为最后一个月，所以是摊完所有的预付账款相关金额。)

业务 71. 12 月 31 日，根据期初余额表、本月原材料入库单及相关明细账，计算本月发出材料应负担的成本差异率。

业务 72. 12 月 31 日，根据本月原材料领料单、退料单和原材料成本差异率计算表，汇总本月原材料的发出和结存情况。完成原材料、低值易耗品收发存汇总表，并编制相应的领料分录。

说明：现实中，需要分类、分部门逐一统计领料单、退料单，此类单据多为内容重复的单一单据且内容繁多，本模拟实训为减少重复性工作并未提供足额领料单据，而是将本月各类材料和低值易耗品的领用数量统计在“原材料、低值易耗品收发存汇总表”上，并给出铝材类数据作为示范，学生可直接完成其他相关内容，并使用表上数据编制会计分录，前序业务中的领料单等原始单据可附于此处作为原始凭证。

业务 73. 12 月 31 日，根据原材料成本差异率计算表，计算结转本月盘亏材料的成本差异。之前已经查明，盘亏 A356.2 铝锭 150 千克系收发计量错误，转入管理费用。

业务 74. 12 月 31 日，根据本月低值易耗品领料单、退料单等，汇总本月低值易耗品的领用情况。

说明：领料单样张请参考前序业务，为提高实训效率，此处已给出加总的各部门领用金额。

要求：编制低值易耗品领用分录。

业务 75. 12 月 31 日，根据“工资结算汇总表”(横表 26-1)，分配本月职工薪酬费用。经公司管理部门讨论决定，自本月起对铸造车间工人王伟发放困难补助 500 元(计入 15 寸轮毂成本中)补助尚未领取。

业务 76. 12 月 31 日，根据本月包装物领料单、退料单等，汇总本月包装物的发出和结存情况。

业务 77. 12 月 31 日，根据辅助生产成本明细账及相关耗用资料，分配本月辅助生产(维修车间)费用。本月维修车间为铸造车间服务 164 工时，为机加车间服务 233 工时，为涂装车间服务 53 工时，为各管理部门服务 45 工时。要求编制辅助生产成本分配表。

业务 78. 12 月 31 日，根据制造费用——质检部的明细账及相关分配标准，将本月质检部费用分配到基本生产车间。质检部的费用按照 3 个基本生产车间当月完工产品的总数进行分配。要求编制制造费用分配表。

业务 79. 12 月 31 日，根据“制造费用”明细账，分配基本生产车间的制造费用。

说明：本分配表为管理单项产品成本数据资料需要，逐项进行分配，编制分录时可不列示明细，综合编制分录即可。

业务 80. 根据各车间的产品成本分配标准，在完工产品和在产品之间进行分配，完成产品成本分配表和产品成本计算单(铸造车间产品成本计算单已给出)，并结转各车间本月自制半成品、完工产品成本。

本月铸造车间完工 9 000 件汽车轮毂毛坯，其中 14 寸产品 3 000 件，15 寸产品 4 000 件，16 寸产品 2 000 件，没有期末在产品。完工轮毂毛坯全部移送半成品仓库。

机加车间期初有 522 件在产品，本月自半成品仓库领出 9 000 件轮毂毛坯进行加工，其中 14 寸产品 3 000 件，14 寸产品 4 000 件，16 寸产品 2 000 件。本月完工 9 094 件，其中 14 寸产品 3 000 件，15 寸产品 4 094 件，16 寸产品 2 000 件，有 428 件在产品，期初和期末在产品均为未完工的 15 寸产品。根据生产工序设计，机加车间完工的半成品直接移交涂装车间，不再移送半成品仓库管理。

涂装车间期初有 520 件在产品，本月完工 9 500 件，其中 14 寸产品 3 000 件，15 寸产品 4 500 件，16 寸产品 2 000 件，有 114 件在产品，期初和期末在产品均为未完工的 15 寸产品。

根据之前的企业成本分配说明，未完工产品的材料为期初一次性投入，故采用产量进行直接分配，其余成本项目按照约当产量分配，期末在产品完工程度估算为 50%。

说明：此处提供两种成本分配表，采用纯手工实训的可以利用较为简单的产品成本分配表 A 完成计算和分录；实训中可使用计算机软件辅助的，可以完成成本分配表 B，以提供更为详尽的成本管理信息。

业务 81. 12 月 31 日，根据本月全部产品出库单，采用全部一次加权平均法，结转本月销售的各种产品的销售成本。

业务 82. 12 月 31 日，根据有关规定，计提应收账款与其他应收款坏账准备。采用应收账款余额百分比法，计提比例为 5‰。(与税法上一致。)

业务 83. 12 月 31 日，经技术部门检测，企业的一台切割成型机因为工艺技术比较落后，其预计可收回金额低于账面价值 47 050 元，因此确认资产减值损失。

业务 84. 12 月 31 日，对公司持有的交易性金融资产进行期末计量。本月买入的龙宇燃油股票(10 000 股)期末公允价值为每股 19.85 元。

业务 85. 12 月 31 日，计提当年的长期借款利息。

业务 86. 12 月 31 日，摊销下半年持有至到期投资。编制持有至到期投资摊销表。

业务 87. 12 月 31 日，企业决定根据本期销售情况预计售后三包退货费用，预估当年销售收入的 0.5‰ 为可能发生的三包费用。因“预计负债”账簿为本月新开设账簿，请在启用该账簿时模拟贴上印花税票。

业务 88. 12 月 31 日，计算本月应交房产税、土地使用税、车船使用税。企业现在有 5 辆 5 人座汽车、5 辆货运卡车，厂区土地面积为 7 500 平方米。

业务 89. 12 月 31 日，计算本月应交的增值税税额。

说明：根据财会字〔1995〕22 号《财政部关于对增值税会计处理有关问题补充规定的

通知》，企业应在“应交税费”科目下设置“未缴增值税”明细科目，核算一般纳税企业月终时转入的应缴未缴增值税税额，转入多缴的增值税税额也在本明细科目核算。因此计算出本月应交的增值税税额后，应将其转入“未缴增值税”账户，但该账户每月业务较少，为节省账簿，实训账户表中未设置该明细账户，如有需要可单独加设账页进行演练。

业务 90. 12 月 31 日，计算本月应缴的城建税、教育费附加。

业务 91. 12 月 31 日，美元兑人民币汇率为 6.552 2，计算调整外币账户汇兑损益。

说明：海外应收账款中，与香港 CTC Industrial Ltd.的往来款项为人民币结算，不涉及外币汇兑损益调整。

业务 92. 12 月 31 日，结转本月各项费用。

业务 93. 12 月 31 日，结转本月各项收入。

业务 94. 12 月 31 日，计算本月应纳税所得额、应预缴的企业所得税。

说明：本企业所得税采用按月预缴、年末汇算清缴的做法，企业应当自月份终了之日起 15 日内，向税务机关报送预缴企业所得税纳税申报表，预缴税款。自年度终了之日起 5 个月内，向税务机关报送年度企业所得税纳税申报表，并汇算清缴，结清应缴应退税款。所得税需要在填制主表的同时填制各类附表说明，此处不一一提供，仅提供纳税申报主表以供练习。

实训中为展示业务的发生对纳税的影响，假设前 11 个月的预缴所得税和应纳所得税相同，仅本月发生的业务需要进行纳税调整。

业务 95. 12 月 31 日，计算并结转本月所得税费用。

业务 96. 12 月 31 日，按全年税后净利润的 10%提取法定盈余公积，按全年税后净利润的 15%提取任意盈余公积。

业务 97. 12 月 31 日，按剩余净利润的 50%向投资者分配利润。

业务 98. 12 月 31 日，结转本年度利润和利润分配各明细账户。

业务 99. 编制科目汇总表进行试算平衡。

业务 100. 编制利润表和资产负债表。

第三部分　企业 12 月经济业务原始凭证

本部分所涉及的原始凭证对应第二部分“五、企业 12 月经济业务说明”的各详细业务。

业务 1-1

上海增值税专用发票

发票联

3100163130　　　　　　　　　　　　　　　　№ **06645625**

开票日期：2016 年 12 月 01 日

购买方	名　　称：上海金锐铝业有限公司 纳税人识别号：310114743283856 地 址、电 话：上海市闵行区虹梅南路 3525 号 021-34637732 开户行及账号：中国工商银行上海闵行支行 31001531320056002559	密码区	(略)

货物或应税劳务、服务名称	规格型号	单位	数量	单价	金额	税率	税额
办公用品		件	5	170.00	850.00	17%	144.50
合　计					¥850.00		¥144.50
价税合计(大写)	⊗玖佰玖拾肆元伍角整				(小写)¥994.50		

销售方	名　　称：上海金新洲购物中心 纳税人识别号：310114743283832X 地 址、电 话：上海市闵行区虹梅南路 2386 号 021-34633456 开户行及账号：中国工商银行上海闵行支行 31001531320053087537	备注	上海金新洲购物中心 310114743283832X 发票专用章

收款人：　　　　复核：　　　　开票人：　　　　销售方：(章)

第三联：发票联　购买方记账凭证

业务 1-2

费 用 报 销 单

报销部门：　　　　　　　　年　　月　　日　　　　　　　　附件共______张

用　途	金额(元)	备注			
		部门会计签批		部门经理审核	
合　计					
注：所有费用必须有部门会计和经理签字才可以报销，数额在 2 000 元以上须通过财务经理审批，5 000 元以上须总经理审批。					
金额大写：　万　仟　佰　拾　元　角　分		原借款：　　元		应退余款：　　元	

业务 2-1

中国工商银行 转账支票

No.IV V9335141

付款期限自出票之日起十天

出票日期(大写) 贰零壹陆年壹拾贰月零壹日　　开户行名称：工商银行虹口支行

收款人：上海金锐铝业有限公司　　出票人账号：300117322902490

人民币(大写)	亿	千	百	十	万	千	百	十	元	角	分
贰万伍仟元整				¥	2	5	0	0	0	0	0

用途 偿还轮毂购货欠款　　密码

上列款项请从　　行号

我账户内支付

出票人签章　　复核　　记账

业务 2-2

中国工商银行 进账单 (回单)

年 月 日

出票人	全称		收款人	全称	
	账号			账号	
	开户银行			开户银行	

金额 人民币(大写)	亿	千	百	十	万	千	百	十	元	角	分

票据种类		票据张数	
票据号码			

复核　　记账　　开户银行盖章

此联是开户银行交给持(出)票人的回单

业务 3-1

支票领用登记簿

公司名称：

现金支票		开具时间			用　途	金额/元	收款单位	会计核销时间			备　注
序号	支票号码	年	月	日				年	月	日	(是否作废等)
1											
2											
3											
4											
5											
6											
7											
8											
9											
10											
11											
12											
13											
14											
15											
16											
17											
18											
19											

注：支票领回后，应立即将所购支票号打印于本表，其他内容在开具支票时填写。

业务 3-2

支票领用登记簿

公司名称：

转账支票		开具时间			用　途	金额/元	收款单位	会计核销时间			备　注
序号	支票号码	年	月	日				年	月	日	(是否作废等)
1											
2											
3											
4											
5											
6											
7											
8											
9											
10											
11											
12											
13											
14											
15											
16											
17											
18											
19											

注：支票领回后，应立即将所购支票号打印于本表，其他内容在开具支票时填写。

业务 4

专用收款收据

中国邮政　收款日期 2016 年 12 月 2 日　　NO.：10729451

缴款单位(缴款人)	上海金锐铝业有限公司	收款单位	上海市闵行区邮政局	收款项目	2017 年度报刊费
人民币(大写)	⊗伍仟捌佰贰拾肆元叁角贰分		十 万 千 百 十 元 角 分 ¥ 5 8 2 4 3 2		
收款事由	2017 年度报刊费		经办部门		
			经办人员		
上述款项照数收讫无误 收款单位财务专用章 (领款人签字)	会计主管	稽核	出纳	缴款人	

第三联　给付款单位作收据

业务 5-1

领　料　单

领料部门：铸造车间　　领料人：赵达　　日期：2016 年 12 月 2 日

序号	订单号	物料名称	规格型号/颜色	单位	请领数量	实发数量	备注
1	SCDD1612001	合金铝锭	A356.2	千克	1 000	1 000	
2	SCDD1612001	精炼剂		千克	10	10	
3	SCDD1612001	清渣剂		千克	10	10	
4	SCDD1612001	变质剂		千克	10	10	

第三联：财务部

发料人：罗铭　　日期：2016 年 12 月 2 日　　批准：王丹

业务 5-2

领 料 单

领料部门：机加车间　　领料人：王一萌　　日期：2016 年 12 月 2 日

序号	订单号	物料名称	规格型号/颜色	单位	请领数量	实发数量	备注
1	SCDD1611012	铝合金锯片		个	4	4	

发料人：罗铭　　日期：2016 年 12 月 2 日　　批准：谢玉华

第三联：财务部

业务 5-3

领 料 单

领料部门：涂装车间　　领料人：林丹阳　　日期：2016 年 12 月 2 日

序号	订单号	物料名称	规格型号/颜色	单位	请领数量	实发数量	备注
1	SCDD1611011	底漆涂料	34#	千克	200	200	
2	SCDD1611011	亮漆涂料	39#	千克	100	100	
3	SCDD1611011	面漆	NTC	升	100	100	
4	SCDD1611011	稀释剂		升	200	200	

发料人：罗铭　　日期：2016 年 12 月 2 日　　批准：曹小林

第三联：财务部

业务 5-4

领　料　单

领料部门：维修车间　　　　领料人：何理　　　　日期：2016 年 12 月 2 日

序号	订单号	物料名称	规格型号/颜色	单位	请领数量	实发数量	备注
1		电焊机		台	2	2	
2		压力表		个	5	5	
3		锯条		个	3	3	

第三联：财务部

发料人：罗铭　　　　日期：2016 年 12 月 2 日　　　　批准：丁冬

业务 6-1

中国工商银行银行汇票申请书（存根）　1

申请日期　　年　月　日　　　　第　　号

申　请　人		收　款　人	
账号或住址		账号或住址	
用　　途		代理付款行	
汇 票 金 额	人 民 币 (大写)		千 百 十 万 千 百 十 元 角 分

此联申请人留存

上列款项请从我账户内支付 申请人盖章	科　　目(借) 对方科目(贷) 转账日期　　　年　　月　　日 复核　　　　　记账

业务 6-2

中国工商银行

银行汇票(卡片) 1

付款期限 壹个月

汇票号码 第 号

出票日期(大写) 年 月 日　　代理付款行：　　行号：

收款人：安徽福斯特铝业有限公司	账号：556900000919119										
出票金额	人民币(大写)叁拾陆万圆整										
实际结算金额	人民币(大写)	千	百	十	万	千	百	十	元	角	分

申请人：上海金锐铝业有限公司　　账号或住址：310015313200056002559

出票行：工行上海闵行支行　　行号：102290068892

备 注：购货款

科目(借)

对方科目(贷)

销账日期 年 月 日

复核 记账

复核 经办

● 此联出票行结清汇票时作汇出汇款借方凭证。

业务 6-3

中国工商银行

银行汇票 2

付款期限 壹个月

汇票号码 第 号

出票日期(大写) 年 月 日　　代理付款行：　　行号：

收款人：安徽福斯特铝业有限公司	账号：556900000919119										
出票金额	人民币(大写) 叁拾陆万圆整										
实际结算金额	人民币(大写)	千	百	十	万	千	百	十	元	角	分

申请人：上海金锐铝业有限公司　　账号或住址：310015313200056002559

出票行：工行上海闵行支行

行 号：102290068892

备 注：购货款

凭票付款

出票行签章

密押：									
多余金额									
千	百	十	万	千	百	十	元	角	分

科目(借)

对方科目(贷)

兑付日期 年 月 日

复核 记账

● 此联代理付款行付款后(作联行往来借方凭证附件)。

业务 6-4

付款期限
壹 个 月

中国工商银行

银行汇票(解讫通知)　3

汇票号码 第　号

出票日期

(大写)　　年　月　日	代理付款行：		行号：
收款人：安徽福斯特铝业有限公司		账号：556900000919119	
出票金额	人民币(大写)　叁拾陆万圆整		
实际结算金额	人民币(大写)	千 百 十 万 千 百 十 元 角 分	

申请人：上海金锐铝业有限公司　　账号或住址：310015313200560025559

出票行：工行上海闵行支行　　行　号：102290068892

备　注：购货款

代理付款行盖章

复核　　经办

密押：										科目(借)________
多余金额										对方科目(贷)________
千	百	十	万	千	百	十	元	角	分	兑付日期　年　月　日
										复核　　记账

● 此联代理付款行付款后随报单寄出票行，由出票行作多余款贷方凭证。

业务 6-5

借 款 审 批 单

年　月　日　　附件共________张

借款部门		借 款 人	
借款事由			
借款金额	(大写)　拾　万　仟　佰　拾　元		(小写)¥________
部门会计签批		部门经理审核	
注：所有预支必须有部门会计和经理签字才可以支付，数额在 2 000 元以上需要通过财务经理审批，10 000 元以上需要通过总经理审批。			

出纳：　　复核：　　借款人：

业务 7-1

中国银行 BANK OF CHINA

中国银行业务委托书

委托日期：　年　月　日

委托人		收款人	
账号或地址		账号或地址	
开户行		开户行	
付款金额	人民币 (大写)	千 百 十 万 千 百 十 元 角 分	
备注		科　目 对方科目	

第三联 回单联

财务主管：　　复核：　　经办：

业务 7-2

中国银行 BANK OF CHINA

中国银行本票　2

付款期
壹个月

签发日期(大写) 贰零壹陆 年壹拾贰月零肆日

收款人：深圳瑞克材料有限公司　　申请人：上海金锐铝业有限公司

凭票即付人民币 (大写)	壹拾捌万叁仟玖佰贰拾肆元整	百	十	万	千	百	十	元	角	分
		¥	1	8	3	9	2	4	0	0

☐转账　☐现金　出票行签章 备注	出纳　复核　经办 中国银行 上海春申路支行 2016．12．04 (21)

业务 7-3

借 款 审 批 单

年　月　日　　　　附件共______张

<table>
<tr><td>借款部门</td><td colspan="2"></td><td>借 款 人</td><td colspan="2"></td></tr>
<tr><td>借款事由</td><td colspan="5"></td></tr>
<tr><td>借款金额</td><td colspan="4">(大写)　拾　万　仟　佰　拾　元</td><td>(小写)¥</td></tr>
<tr><td>部门会计签批</td><td></td><td colspan="2">部门经理审核</td><td colspan="2"></td></tr>
<tr><td colspan="6">注：所有预支必须有部门会计和经理签字才可以支付，数额在 2 000 元以上需要通过财务经理审批，10 000 元以上需要通过总经理审批。</td></tr>
</table>

出纳：　　　　复核：　　　　借款人：

业务 8

产品入库单

入库日期：2016 年 12 月 4 日

货号	品名	规格	单位	数量	检验单号	备注
C-0931460	汽车轮毂	14 寸	只	500	JYD1612001	

第二联：财务部

验收人：杨威　　　　审核人：张德利　　　　制单人：杨威

业务 9-1

上海增值税专用发票

3100163130　　抵扣联　　№ 06635430

开票日期：2016 年 12 月 05 日

购买方	名　　称：上海金锐铝业有限公司 纳税人识别号：310114743283856 地址、电话：上海市闵行区虹梅南路 3525 号 021-34637732 开户行及账号：中国工商银行上海闵行支行 31001531320056002559	密码区	(略)				
货物或应税劳务、服务名称	规格型号	单位	数量	单价	金额	税率	税额
一季度房租		月	3	22 522.522 5	67 567.57	11%	7 432.43
合　　计					¥67 567.57		¥7 432.43
价税合计(大写)	⊗柒万伍仟元整				(小写)¥75 000.00		
销售方	名　　称：上海康德工贸有限公司 纳税人识别号：310112747606733 地址、电话：上海市闵行区虹梅南路 3252 号 021-33505885 开户行及账号：交通银行上海市莘庄支行 310066263018010036786	备注	上海康德工贸有限公司 310112747606733 发票专用章				

收款人：　　复核：　　开票人：徐玉兰　　销售方：(章)

第二联：抵扣联　购买方扣税凭证

业务 9-2

上海增值税专用发票

3100163130　　发票联　　№ 06635430

开票日期：2016 年 12 月 05 日

购买方	名　　称：上海金锐铝业有限公司 纳税人识别号：310114743283856 地址、电话：上海市闵行区虹梅南路 3525 号 021-34637732 开户行及账号：中国工商银行上海闵行支行 31001531320056002559	密码区	(略)				
货物或应税劳务、服务名称	规格型号	单位	数量	单价	金额	税率	税额
一季度房租		月	3	22 522.522 5	67 567.57	11%	7 432.43
合　　计					¥67 567.57		¥7 432.43
价税合计(大写)	⊗柒万伍仟元整				(小写)¥75 000.00		
销售方	名　　称：上海康德工贸有限公司 纳税人识别号：310112747606733 地址、电话：上海市闵行区虹梅南路 3252 号 021-33505885 开户行及账号：交通银行上海市莘庄支行 310066263018010036786	备注	上海康德工贸有限公司 310112747606733 发票专用章				

收款人：　　复核：　　开票人：徐玉兰　　销售方：(章)

第三联：发票联　购买方记账凭证

业务 10-1

3100163130　　上海增值税专用发票　　№ 06635431

抵扣联

开票日期：2016 年 12 月 05 日

购买方	名称：上海金锐铝业有限公司 纳税人识别号：310114743283856 地址、电话：上海市闵行区虹梅南路 3525 号 021-34637732 开户行及账号：中国工商银行上海闵行支行 3100153132005600255 9	密码区	(略)				
货物或应税劳务、服务名称	规格型号	单位	数量	单价	金额	税率	税额
基本电费		千瓦	15	35.897 4	538.46	17%	91.54
11 月电费		度	347	1.068 376	370.73	17%	63.02
11 月水费		吨	4	5.555 555 6	22.22	17%	3.78
合　计					¥931.41		¥158.34
价税合计(大写)	⊗壹仟零捌拾玖元柒角伍分				(小写)¥1 089.75		
销售方	名称：上海康德工贸有限公司 纳税人识别号：310112747606733 地址、电话：上海市闵行区虹梅南路 3252 号 021-33505885 开户行及账号：交通银行上海市莘庄支行 310066263018010036786	备注	上海康德工贸有限公司 310112747606733 发票专用章				

收款人：　　复核：　　开票人：徐玉兰　　销售方：(章)

第二联：抵扣联　购买方扣税凭证

业务 10-2

3100163130　　上海增值税专用发票　　№ 06635431

发票联

开票日期：2016 年 12 月 05 日

购买方	名称：上海金锐铝业有限公司 纳税人识别号：310114743283856 地址、电话：上海市闵行区虹梅南路 3525 号 021-34637732 开户行及账号：中国工商银行上海闵行支行 3100153132005600255 9	密码区	(略)				
货物或应税劳务、服务名称	规格型号	单位	数量	单价	金额	税率	税额
基本电费		千瓦	15	35.897 4	538.46	17%	91.54
11 月电费		度	347	1.068 376	370.73	17%	63.02
11 月水费		吨	4	5.555 555 6	22.22	17%	3.78
合　计					¥931.41		¥158.34
价税合计(大写)	⊗壹仟零捌拾玖元柒角伍分				(小写)¥1 089.75		
销售方	名称：上海康德工贸有限公司 纳税人识别号：310112747606733 地址、电话：上海市闵行区虹梅南路 3252 号 021-33505885 开户行及账号：交通银行上海市莘庄支行 310066263018010036786	备注	上海康德工贸有限公司 310112747606733 发票专用章				

收款人：　　复核：　　开票人：徐玉兰　　销售方：(章)

第三联：发票联　购买方记账凭证

业务 10-3

中国工商银行
INDUSTRIAL AND COMMERCIAL BANK OF CHINA

同城转账/费用回单

交易种类：同城跨行 CPS(网银)　渠道编号：330053069588　汇款日期：2016-12-05 10:11:52
汇款机构：05918　工商银行上海市闵行支行　　　　银行行号：104290025036
接收行行号：105290028005　接收行名称：交通银行上海市莘庄支行
收款人账号：310066263018010036786　收款人开户行行号：105290078541
收款人名称：上海康德工贸有限公司
汇款附言：2016 年 11 月水电费

汇款人账号：31001531320056002559
汇款人名称：上海金锐铝业有限公司

汇款金额：CNY1 089.75

手续费金额：CNY1.00
打印时间：2016-12-05　13:42:31　　　　打印次数：1(自助打印，注意重复)

业务 11-1

3400161130　　**安徽增值税专用发票**　　№ **07644357**

抵扣联

开票日期：2016 年 12 月 05 日

购买方	名　称：上海金锐铝业有限公司 纳税人识别号：310114743283856 地址、电话：上海市闵行区虹梅南路 3525 号 021-34637732 开户行及账号：中国工商银行上海闵行支行 31001531320056002559				密码区	(略)	
货物或应税劳务、服务名称	规格型号	单位	数量	单价	金额	税率	税额
精炼剂		千克	1 000	15.20	15 200.00	17%	2 584.00
清渣剂		千克	2 000	4.50	9 000.00	17%	1 530.00
锶变质剂		千克	1 500	21.00	31 500.00	17%	5 355.00
合　计					¥55 700.00		¥9 469.00
价税合计(大写)	⊗陆万伍仟壹佰陆拾玖元整				(小写) ¥65 169.00		
销售方	名　称：安徽鼎盛铝业有限公司 纳税人识别号：342401732995799 地址、电话：六安市经济开发区经三路 16 号 0551-2853666 开户行及账号：建设银行合肥市三孝口支行 34001498608040037138				备注	安徽鼎盛铝业有限公司 342401732995799 发票专用章	

第二联：抵扣联　购买方扣税凭证

收款人：　　　复核：　　　开票人：张艺淼　　　销售方：(章)

业务 11-2

安徽增值税专用发票

3400161130　　发票联　　№ 07644357

开票日期：2016 年 12 月 05 日

购买方	名　　称：上海金锐铝业有限公司 纳税人识别号：310114743283856 地 址、电 话：上海市闵行区虹梅南路 3525 号 021-34637732 开户行及账号：中国工商银行上海闵行支行 31001531320056002559	密码区	（略）

货物或应税劳务、服务名称	规格型号	单位	数量	单价	金额	税率	税额
精炼剂		千克	1 000	15.20	15 200.00	17%	2 584.00
清渣剂		千克	2 000	4.50	9 000.00	17%	1 530.00
锶变质剂		千克	1 500	21.00	31 500.00	17%	5 355.00
合　　计					¥55 700.00		¥9 469.00
价税合计(大写)	⊗陆万伍仟壹佰陆拾玖元整				(小写)¥65 169.00		

销售方	名　　称：安徽鼎盛铝业有限公司 纳税人识别号：342401732995799 地 址、电 话：六安市经济开发区经三路 16 号 0551-2853666 开户行及账号：建设银行合肥市三孝口支行 34001498608040037138	备注	

收款人：　　复核：　　开票人：张艺淼　　销售方：（章）

第三联：发票联　购买方记账凭证

业务 12-1

上海增值税普通发票

3100161350　　记账联　　№ 02123230

校验码 587433957154684587956　　开票日期：2016 年 12 月 06 日

购买方	名　　称：PT Kreast Galatama 公司 纳税人识别号： 地 址、电 话： 开户行及账号：	密码区	（略）

货物或应税劳务、服务名称	规格型号	单位	数量	单价	金额	税率	税额
汽车轮毂		只	3 156.2	46.11	145 532.382	0%	***
合　　计					¥145 532.38		***
价税合计(大写)	⊗壹拾肆万伍仟伍佰叁拾贰元叁角捌分				(小写)¥145 532.38		

销售方	名　　称：上海金锐铝业有限公司 纳税人识别号：310114743283856 地 址、电 话：上海市闵行区虹梅南路 3525 号 021-34637732 开户行及账号：中国工商银行上海闵行支行 31001531320056002559	备注	出口美元金额：USD22 532.07 出口合同号：UMP-161206 出口汇率：6.458 9

收款人：　　复核：　　开票人：蒋金梅　　销售方：（章）

第一联：记账联　销售方记账凭证

业务 12-2

上海增值税普通发票

3100161350　　发票联　　№ 02123230

校验码 587433957154684587956　　开票日期：2016 年 12 月 06 日

购买方	名　　称：PT Kreast Galatama 公司 纳税人识别号： 地 址、电 话： 开户行及账号：				密码区	(略)	
货物或应税劳务、服务名称	规格型号	单位	数量	单价	金额	税率	税额
汽车轮毂		只	3 156.2	46.11	145 532.38	0%	***
合　　计					¥145 532.38		***
价税合计(大写)	⊗壹拾肆万伍仟伍佰叁拾贰元叁角捌分				(小写)¥145 532.38		
销售方	名　　称：上海金锐铝业有限公司 纳税人识别号：310114743283856 地 址、电 话：上海市闵行区虹梅南路 3525 号 021-34637732 开户行及账号：中国工商银行上海闵行支行 31001531320056002559				备注	出口美元金额：USD22 532.07 出口合同号：MP-161206 出口汇率：6.4589	

收款人：　　复核：　　开票人：蒋金梅　　销售方：(章)

第二联：发票联　购买方记账凭证

业务 12-3

销售出库单

购货单位：印度尼西亚 PT Kreasi Galatama 公司　　出库日期：2016 年 12 月 6 日

序号	货号	品名	规格	单位	数量	备注
1	C-0921560	汽车轮毂	15 寸	只	253	
2						
3						
4						
5						
合计					253	

发货人：杨威　　制单人：杨威　　审核人：张德利

第三联：财务部

业务 13-1

深圳增值税专用发票

抵扣联

4403162130　　　　　　　　No 052645854

开票日期：2016 年 12 月 06 日

购买方	名　　称：上海金锐铝业有限公司 纳税人识别号：310114743283856 地 址、电 话：上海市闵行区虹梅南路 3525 号 021-34637732 开户行及账号：中国工商银行上海闵行支行 310015313200560025592	密码区	(略)

货物或应税劳务、服务名称	规格型号	单位	数量	单价	金额	税率	税额
NTC 纳米漆		升	2000	78.6	157 200.00	17%	26 724.00
合　计					¥157 200.00		¥26 724.00
价税合计(大写)	⊗壹拾捌万叁仟玖佰贰拾肆元整				(小写)¥183 924.00		

销售方	名　　称：深圳瑞克材料有限公司 纳税人识别号：440300785123577 地 址、电 话：深圳市龙华新区澳华工业区 11 栋 0755-28128928 开户行及账号：中国农业银行龙华分行 242005236498522	备注	深圳瑞克材料有限公司 440300785123577 发票专用章

收款人：李旭阳　　复核：张言　　开票人：刘金庆　　销售方：(章)

第二联：抵扣联　购买方扣税凭证

业务 13-2

深圳增值税专用发票

发票联

4403162130　　　　　　　　No 052645854

开票日期：2016 年 12 月 06 日

购买方	名　　称：上海金锐铝业有限公司 纳税人识别号：310114743283856 地 址、电 话：上海市闵行区虹梅南路 3525 号 021-34637732 开户行及账号：中国工商银行上海闵行支行 310015313200560025592	密码区	(略)

货物或应税劳务、服务名称	规格型号	单位	数量	单价	金额	税率	税额
NTC 纳米漆		升	2 000	78.6	157 200.00	17%	26 724.00
合　计					¥157 200.00		¥26 724.00
价税合计(大写)	⊗壹拾捌万叁仟玖佰贰拾肆元整				(小写)¥183 924.00		

销售方	名　　称：深圳瑞克材料有限公司 纳税人识别号：440300785123577 地 址、电 话：深圳市龙华新区澳华工业区 11 栋 0755-28128928 开户行及账号：中国农业银行龙华分行 242005236498522	备注	深圳瑞克材料有限公司 440300785123577 发票专用章

收款人：李旭阳　　复核：张言　　开票人：刘金庆　　销售方：(章)

第三联：发票联　购买方记账凭证

业务 13-3

差 旅 费 报 销 单(一)

地区		部门		姓名：		项目		差旅费	事由		报销日期　年　月　日				
出发				到达				人数	交通工具	交通费金额	餐费补助		其他补助	天数	金额
月	日	时	地点	月	日	时	地点				天数	金额	项目		
													住宿费		
													通信费		
													其他		
合　计															
报销金额	人 民 币 (大写)												预借金额		
													补领金额		
													退还金额		

总经理：　　财务复核：　　部门审核：　　出纳：　　报销人：

业务 13-4

差 旅 费 报 销 单 (二)

地区：　　部门：　　项目：　　报销日期：　年　月　日

凭证粘贴处

附件　　张

业务 13-5

4403161120

深圳增值税普通发票

发票联

№ **03178619**

开票日期：2016 年 12 月 06 日

购买方	名　　称：上海金锐铝业有限公司 纳税人识别号：310114743283856 地 址、电 话：上海市闵行区虹梅南路 3525 号 021-34637732 开户行及账号：中国工商银行上海闵行支行 31001531320056002559	密码区	(略)

货物或应税劳务、服务名称	规格型号	单位	数量	单价	金额	税率	税额
住宿费		天	1	424.53	424.53	6%	25.47
合　　计					¥424.53		¥25.47
价税合计(大写)	⊗肆佰伍拾元整				(小写)¥450.00		

销售方	名　　称：深圳深航国际酒店 纳税人识别号：440329743751359 地 址、电 话：深圳市福田区深南大道 6035 号 0755-88819999 开户行及账号：中国银行福田支行 440366266268010042533	备注	深圳深航国际酒店 440329743751359 发票专用章

收款人：李阳　　复核：赵诺　　开票人：王芸　　销售方：(章)

第三联：发票联　购买方记账凭证

业务 13-6

国家税务总局监制
PRINTED UNDER THE SUPERVISION OF SAT

航空运输电子客票行程单

ITINERARY/RECEIPT OF E-TICKET FOR AIR TRANSPORTATION

印刷序号：NO 7010248116 4
SERIAL NUMBER

旅客姓名 PASSENGER NAME	有效身份证件号码 ID.NO.	签注 ENDORSEMENTS/RESTRICTIONS(CARBON)
王新宇	310115198702304225	

	承运人 CARRIER	航班号 FLIGHT	座位等级 CLASS	日期 DATE	时间 TIME	客票级别/客票类别 FARE BASIS	客票生效日期 NOT VALID BEFORE	有效截止日期 NOT VALID AFTER	免费行李 ALLOW
自 FROM	东航	MU9333	E	05DEC16	0800	F	05DEC16		2
	东航	MU5342	E	06DEC16	1300	F	06DEC16		2
至 TO									
至 TO									
至 TO									
至 TO									

票价 FARE	机场建设费 AIRPORT TAX	燃油附加费 FUEL SURCHARGE	其他税费 OTHER TAXES	合计 TOTAL
1600	50	50		¥1700.00

电子客票号码 E-TICKET NO	52012254796	验证码 CK		连续客票 CONJUNCTION TKT		保险费 INSURANCE	
销售单位代号 AGENT CODE		填开单位（盖章）ISSUED BY		填开日期 ISSUED DATE	05DEC16		

查询网址：WWW.TRAVELSKY.COM

请旅客确认认真阅读《客票须知》及承运人的运输总条件内容
The conditions of the carrier must be read before travelling.

付款凭证 RECEIPT　手写无效 INVALID IN HAND WRITING

业务 14-1

上海增值税专用发票

3100163158　　抵扣联　　№ 06645625

开票日期：2016 年 12 月 07 日

购买方	名　　称：上海金锐铝业有限公司 纳税人识别号：310114743283856 地 址、电 话：上海市闵行区虹梅南路 3525 号 021-34637732 开户行及账号：中国工商银行上海闵行支行 310015313200560025599	密码区	（略）

货物或应税劳务、服务名称	规格型号	单位	数量	单价	金额	税率	税额
公路运输		吨	3.156 2	580.00	1 830.60	11%	201.37
合　　计					¥1 830.60		¥201.37
价税合计(大写)	⊗贰仟零叁拾壹元玖角柒分				(小写)¥2 031.97		

销售方	名　　称：上海德邦物流有限公司 纳税人识别号：310229743751359 地 址、电 话：上海市闵行区北翟路 1551 号 021-52394778 开户行及账号：交通银行上海市莘庄支行 310066263018010042578	备注	上海-北仑 汽车配件

收款人：赵敏敏　　复核：谢东　　开票人：王丽　　销售方：(章)

第二联：抵扣联　购买方扣税凭证

业务 14-2

上海增值税专用发票

3100163130　　发票联　　№ 06645625

开票日期：2016 年 12 月 07 日

购买方	名　　称：上海金锐铝业有限公司 纳税人识别号：310114743283856 地 址、电 话：上海市闵行区虹梅南路 3525 号 021-34637732 开户行及账号：中国工商银行上海闵行支行 310015313200560025599	密码区	（略）

货物或应税劳务、服务名称	规格型号	单位	数量	单价	金额	税率	税额
公路运输		吨	3.156 2	580.00	1 830.6	11%	201.37
合　　计					¥1 830.6		¥201.37
价税合计(大写)	⊗贰仟零叁拾壹元玖角柒分				(小写)¥2 031.97		

销售方	名　　称：上海德邦物流有限公司 纳税人识别号：310229743751359 地 址、电 话：上海市闵行区北翟路 1551 号 021-52394778 开户行及账号：交通银行上海市莘庄支行 310066263018010042578	备注	上海-北仑 汽车配件

收款人：赵敏敏　　复核：谢东　　开票人：王丽　　销售方：(章)

第三联：发票联　购买方记账凭证

业务 14-3

中国工商银行
INDUSTRIAL AND COMMERCIAL BANK OF CHINA

同城转账/费用回单

交易种类：同城跨行 CPS(网银)　渠道编号：330053069588　汇款日期：2016-12-07 10:32:32
汇款机构：05918　工商银行上海市闵行支行　银行行号：104290025036
接收行行号：105290028005　接收行名称：交通银行上海市莘庄支行
收款人账号：310066263018010042578　收款人开户行行号：105290078541
收款人名称：上海德邦物流有限公司
汇款附言：上海至浙江北仑港运费

汇款人账号：31001531320056002559
汇款人名称：上海金锐铝业有限公司

汇款金额：CNY2 031.97

手续费金额：CNY1.00
打印时间：2016-12-09　15:54:11　打印次数：1(自助打印，注意重复)

业务 15-1

上海增值税专用发票

3100161130　记账联　№ 04521251

开票日期：2016 年 12 月 08 日

<table>
<tr><td>购买方</td><td colspan="4">名　　称：深圳天明轮毂有限公司
纳税人识别号：440300251845887
地 址、电 话：深圳南山区南山大道 1310 号 0755-26612808
开户行及账号：中国工商银行南山支行 3000521111366875147</td><td>密码区</td><td colspan="3">(略)</td></tr>
<tr><td colspan="2">货物或应税劳务、服务名称</td><td>规格型号</td><td>单位</td><td>数量</td><td>单价</td><td>金额</td><td>税率</td><td>税额</td></tr>
<tr><td colspan="2">汽车铝轮</td><td>14 寸</td><td>件</td><td>150</td><td>350</td><td>52 500.00</td><td>17%</td><td>8 925.00</td></tr>
<tr><td colspan="2">合　　计</td><td></td><td></td><td></td><td></td><td>¥52 500.00</td><td></td><td>¥8 925.00</td></tr>
<tr><td colspan="2">价税合计(大写)</td><td colspan="5">⊗陆万壹仟肆佰贰拾伍元整</td><td colspan="2">(小写)¥61 425.00</td></tr>
<tr><td>销售方</td><td colspan="4">名　　称：上海金锐铝业有限公司
纳税人识别号：310114743283856
地 址、电 话：上海市闵行区虹梅南路 3525 号 021-34637732
开户行及账号：中国工商银行上海闵行支行 31001531320056002559</td><td>备注</td><td colspan="3">上海金锐铝业有限公司
310114743283856
发票专用章</td></tr>
</table>

第一联：记账联　销售方记账凭证

收款人：　复核：　开票人：蒋金梅　销售方：(章)

业务 15-2

中国工商银行托收承付结算凭证(回单)

委托日期 2016 年 12 月 8 日　　　　No:120

<table>
<tr><td rowspan="3">付款单位</td><td>全称</td><td colspan="3">深圳天明轮毂有限公司</td><td rowspan="3">收款单位</td><td>全称</td><td colspan="3">上海全锐铝业有限公司</td></tr>
<tr><td>账号</td><td colspan="3">30005211113668875147</td><td>账号</td><td colspan="3">31001531320056002559</td></tr>
<tr><td>汇出地点</td><td>深圳市</td><td>汇出行名称</td><td>工商银行南山支行</td><td>汇入地点</td><td>上海市</td><td>汇入行名称</td><td>工行闵行支行</td></tr>
<tr><td>托收金额</td><td colspan="5">人民币（大写）　陆万壹仟肆佰贰拾伍元整</td><td colspan="4">百 十 万 千 百 十 元 角 分
¥ 6 1 4 2 5 0 0</td></tr>
<tr><td colspan="6">合同名称号码：购销合同 20161221</td><td colspan="4" rowspan="3">收款单位开户行盖章
中国工商银行上海分行
闵行办
2016. 12. 08
(21)
年　月　日</td></tr>
<tr><td colspan="6">商品发运情况：已发运款项收妥　　日期：　年　月　日</td></tr>
<tr><td colspan="6">单位主管会计出纳记账</td></tr>
</table>

业务 15-3

销售出库单

购货单位：深圳天明轮毂有限公司　　　　出库日期：2016 年 12 月 8 日

序号	货号	品名	规格	单位	数量	备注
1	C-0931460	汽车轮毂	14 寸	只	150	
2						
3						
4						
5						
合计					150	

第三联：财务部

发货人：杨威　　　　制单人：杨威　　　　审核人：张德利

业务 16-1

上海增值税专用发票

3100163130　　　抵扣联　　　№ 06645782

开票日期：2016 年 12 月 09 日

购买方	名　　称：上海金锐铝业有限公司 纳税人识别号：310114743283856 地 址、电 话：上海市闵行区虹梅南路 3525 号 021-34637732 开户行及账号：中国工商银行上海闵行支行 31001531320056002559	密码区	(略)				
货物或应税劳务、服务名称	规格型号	单位	数量	单价	金额	税率	税额
公路运输		吨	1	916.22	916.22	11%	100.78
合　　计					¥916.22		¥100.78
价税合计(大写)	⊗壹仟零壹拾柒元整				(小写)¥1 017.00		
销售方	名　　称：上海德邦物流有限公司 纳税人识别号：310229743751359 地 址、电 话：上海市闵行区北翟路 1551 号 021-52394778 开户行及账号：交通银行上海市莘庄支行 310066263018010042578	备注	上海一深圳 汽车配件				

收款人：赵敏敏　　复核：谢东　　开票人：王丽　　销售方：(章)

第二联：抵扣联　购买方扣税凭证

上海德邦物流有限公司 310229743751359 发票专用章

业务 16-2

上海增值税专用发票

3100163130　　　发票联　　　№ 06645782

开票日期：2016 年 12 月 09 日

购买方	名　　称：上海金锐铝业有限公司 纳税人识别号：310114743283856 地 址、电 话：上海市闵行区虹梅南路 3525 号 021-34637732 开户行及账号：中国工商银行上海闵行支行 31001531320056002559	密码区	(略)				
货物或应税劳务、服务名称	规格型号	单位	数量	单价	金额	税率	税额
公路运输		吨	1	916.22	916.22	11%	100.78
合　　计					¥916.22		¥100.78
价税合计(大写)	⊗壹仟零壹拾柒元整				(小写)¥1 017.00		
销售方	名　　称：上海德邦物流有限公司 纳税人识别号：310229743751359 地 址、电 话：上海市闵行区北翟路 1551 号 021-52394778 开户行及账号：交通银行上海市莘庄支行 310066263018010042578	备注	上海一深圳 汽车配件				

收款人：赵敏敏　　复核：谢东　　开票人：王丽　　销售方：(章)

第三联：发票联　购货方记账联凭证

上海德邦物流有限公司 310229743751359 发票专用章

业务 16-3

中国工商银行
INDUSTRIAL AND COMMERCIAL BANK OF CHINA

同城转账/费用回单

交易种类：同城跨行 CPS(网银) 渠道编号：330053069588 汇款日期：2016-12-09 15:51:32
汇款机构：05918 工商银行上海市闵行支行 银行行号：104290025036
接收行行号：105290028005 接收行名称：交通银行上海市莘庄支行
收款人账号：310066263018010042578 收款人开户行行号：105290078541
收款人名称：上海德邦物流有限公司
汇款附言：上海至深圳运费

汇款人账号：31001531320056002559
汇款人名称：上海金锐铝业有限公司

汇款金额：CNY1 017.00

手续费金额：CNY1.00
打印时间：2016-12-09 15:54:11 打印次数：1(自助打印，注意重复)

业务 17-1

安徽增值税专用发票

3400161130

抵扣联

No 07625789

开票日期：2016 年 12 月 9 日

<table>
<tr><td>购买方</td><td colspan="4">名　　称：上海金锐铝业有限公司
纳税人识别号：310114743283856
地 址、电 话：上海市闵行区虹梅南路 3525 号 021-34637732
开户行及账号：中国工商银行上海闵行支行 31001531320056002559</td><td>密码区</td><td colspan="3">(略)</td></tr>
<tr><td colspan="2">货物或应税劳务、服务名称</td><td>规格型号</td><td>单位</td><td>数量</td><td>单价</td><td>金额</td><td>税率</td><td>税额</td></tr>
<tr><td colspan="2">铝锭</td><td>A356.2</td><td>千克</td><td>15 000</td><td>19.975 754</td><td>299 636.31</td><td>17%</td><td>50 938.17</td></tr>
<tr><td colspan="2">合　　计</td><td></td><td></td><td></td><td></td><td>¥299 636.31</td><td></td><td>¥50 938.17</td></tr>
<tr><td colspan="2">价税合计(大写)</td><td colspan="5">⊗叁拾伍万零伍佰柒拾肆元肆角捌分</td><td colspan="2">(小写)¥350 574.48</td></tr>
<tr><td>销售方</td><td colspan="4">名　　称：安徽福斯特铝业有限公司
纳税人识别号：913408225704186X
地 址、电 话：安徽省安庆市怀宁县工业园三期 0556-88620008
开户行及账号：招商银行安庆分行 556900000919119</td><td>备注</td><td colspan="3">安徽福斯特铝业有限公司
913408225704186X
发票专用章</td></tr>
</table>

收款人： 复核： 开票人：童华 销售方：(章)

第二联：抵扣联 购买方扣税凭证

业务 17-2

安徽增值税专用发票

发票联

3400161130　　　　№ 07625789

开票日期：2016年12月09日

购买方	名称：上海金锐铝业有限公司 纳税人识别号：310114743283856 地址、电话：上海市闵行区虹梅南路3525号 021-34637732 开户行及账号：中国工商银行上海闵行支行31001531320056002559	密码区	（略）				
货物或应税劳务、服务名称	规格型号	单位	数量	单价	金额	税率	税额
铝锭	A356.2	千克	15 000	19.975 754	299 636.31	17%	50 938.17
合计					¥299 636.31		¥50 938.17
价税合计(大写)	⊗叁拾伍万零伍佰柒拾肆元肆角捌分				(小写)¥350 574.48		
销售方	名称：安徽福斯特铝业有限公司 纳税人识别号：91340822570418685X 地址、电话：安徽省安庆市怀宁县工业园三期 0556-88620008 开户行及账号：招商银行安庆分行 556900000919119	备注	安徽福斯特铝业有限公司 913408225704186X 发票专用章				

第三联：发票联 购买方记账凭证

收款人：　　复核：　　开票人：童华　　销售方：（章）

业务 17-3

差旅费报销单(一)

地区	安徽	部门	采购部	姓名	董杉	项目	差旅费	事由	部件采购		报销日期 2016年12月18日		
出发				到达				人数	交通工具	交通费金额	餐费补助		其他补助项目	天数	金额
月	日	时	地点	月	日	时	地点				天数	金额			
12	4	8	上海	12	4	12	安徽安庆	1	火车	238.00	5	1 000.00	住宿费	4	1 520.00
12	8	17	安徽安庆	12	8	21	上海	1	火车	238.00			通信费	5	250.00
													其他	5	400.00
合计										¥3 646.00					
报销金额	人民币(大写)	叁仟陆佰肆拾陆元整											预借金额	4 000.00	
													补领金额		
													退还金额	354.00	

总经理：　　财务复核：　　部门审核：　　出纳：　　报销人：董杉

业务 17-4

差旅费报销单(二)

地区：　　部门：　　项目：　　报销日期：　年　月　日

凭证粘贴处

附件　张

业务 17-5

安徽增值税普通发票

3400161120　　发票联　　№ 02123228

开票日期：2016 年 12 月 8 日

购买方	名称：上海金锐铝业有限公司 纳税人识别号：310114743283856 地址、电话：上海市闵行区虹梅南路 3525 号 021-34637732 开户行及账号：中国工商银行上海闵行支行 31001531320056002559	密码区	(略)				
货物或应税劳务、服务名称	规格型号	单位	数量	单价	金额	税率	税额
住宿费			4	358.49	1 433.96	6%	86.04
合计					¥1 433.96		¥86.04
价税合计(大写)	⊗壹仟伍佰贰拾元整				(小写)¥1 520.00		
销售方	名称：安庆大酒店 纳税人识别号：342201684976257 地址、电话：迎江区湖心中路 66 号 0556-5399038 开户行及账号：农业银行安庆分行迎江支行 131204770902492105	备注	安庆大酒店 342201684976257 发票专用章				

第二联：发票联　购买方记账凭证

收款人：周梦龙　　复核：李颖　　开票人：李青　　销售方：(章)

业务 17-6

K000511 沪A 售

上 海 ShangHai → 安 庆 AnQing

2016年12月04日08:00开 16车087号

¥238元 高铁二等座

限乘当日当次车

董杉

3406211989****7815

53885300610405K000511

K000511 沪A 售

安 庆 AnQing → 上 海 ShangHai

2016年12月08日17:00开 16车017号

¥238元 高铁二等座

限乘当日当次车

董杉

3406211989****7815

53885300610405K000511

业务 17-7

收　　据

入账日期：　　年　　月　　日　　　　No 35912354

交款单位：	收款方式：
人民币(大写)________	¥ ________
收款事由________	

财务主管：　　记账：　　出纳：　　审核：　　经办：

业务 18-1

中华人民共和国
税收通用缴款书

No 0016451

填发日期：2016 年 12 月 9 日　　征收机关：上海市地税局

缴款单位代码	310114743283856	收缴国库	编码	06070500
缴款单位全称	上海金锐铝业有限公司		名称	闵行区支库
开户银行	中国工商银行上海闵行支行	限缴日期		2016 年 12 月 30 日
账号	31001531320056002559			

税种	品目名称	所属时间	预算科目	预算级次	实缴金额
城镇土地使用税		2016.12.01—2016.12.31		市 100%	780.00
四级土地			1011205 私营企业城镇土地使用税收入		
房产税		2016.12.01—2016.12.31		市 100%	2 750.00
房产税收入			1011006 私营企业房产税收入		
城市维护建设税		2016.12.01—2016.12.31		市 100%	14 350.00
城市维护建设税收入			1010906 私营企业城市维护建设税收入		
教育费附加		2016.12.01—2016.12.31		市 100%	6 150.00
教育费附加收入			103020301 教育费附加收入		
企业所得税		2016.12.01—2016.12.31		市 100%	22 580.00
企业所得税收入			100401 私营企业所得税		
个人所得税		2016.12.01—2016.12.31		市 100%	9 614.00
代扣代缴个人所得税			101060109 其他个人所得税收入		
合计金额(大写)	伍万陆仟贰佰贰拾肆元整				¥56 224.00
缴款单位(盖章)	税务机关(盖章)	上列款项已收妥并划转收款单位账户 国库(银行)盖章 年　月　日		备注：	

业务 18-2

中华人民共和国
税收通用缴款书

No 0016520

填发日期：2016 年 12 月 9 日　　　　征收机关：上海市国税局

<table>
<tr><td>缴款单位代码</td><td colspan="2">310114743283856</td><td rowspan="2">收缴国库</td><td>编码</td><td colspan="2">06070500</td></tr>
<tr><td>缴款单位全称</td><td colspan="2">上海金锐铝业有限公司</td><td>名称</td><td colspan="2">闵行区支库</td></tr>
<tr><td>开户银行</td><td colspan="2">中国工商银行上海闵行支行</td><td colspan="2" rowspan="2">限缴日期</td><td colspan="2" rowspan="2">2016 年 12 月 09 日</td></tr>
<tr><td>账号</td><td colspan="2">31001531320056002559</td></tr>
<tr><td>税种</td><td>品目名称</td><td>所属时间</td><td colspan="2">预算科目</td><td>预算级次</td><td>实缴金额</td></tr>
<tr><td>增值税</td><td></td><td>2016.12.01—2016.12.31</td><td colspan="2">市级</td><td></td><td>195 386.00</td></tr>
<tr><td>金额合计</td><td colspan="6">(人民币)壹拾玖万伍仟叁佰捌拾陆元整　　¥195 386.00</td></tr>
<tr><td>缴款单位(盖章)</td><td colspan="2">税务机关(盖章)</td><td colspan="3">上列款项已收妥并划转收款单位账户
国库(银行)盖章</td><td>备注：</td></tr>
</table>

业务 18-3

中国工商银行 INDUSTRIAL AND COMMERCIAL BANK OF CHINA

电子缴税付款凭证

日期：2016 年 12 月 09 日　回单编号：1635504312

征收机关：上海市闵行区税务局　　收款国库(银行)名称：国家金库上海闵行支库

缴款书交易流水号：94078558

付款人户名：上海金锐铝业有限公司　　付款人开户行：闵行莘庄支行

付款人账号(卡号)：310066263018010042578

合计金额(大写)：伍万陆仟贰佰贰拾肆元整　合计金额(小写)：¥56 224.00

税(费)种名称	所属日期	实缴金额
城镇土地使用税	2016.12.01—2016.12.31	780.00
房产税	2016.12.01—2016.12.31	2 750.00
城市维护建设税	2016.12.01—2016.12.31	14 350.00
教育费附加	2016.12.01—2016.12.311	6 150.00
企业所得税	2016.12.01—2016.12.31	22 580.00
个人所得税	2016.12.01—2016.12.31	9 614.00

中国工商银行
2016.12.09
收讫专用章

第二联作付款回单，无银行收讫章无效。　　复核　　记账

业务 18-4

中国工商银行 INDUSTRIAL AND COMMERCIAL BANK OF CHINA

电子缴税付款凭证

日期：2016 年 12 月 09 日　回单编号：1635504313

征收机关：上海市闵行区税务局　收款国库(银行)名称：国家金库上海闵行支库

缴款书交易流水号：94078457

付款人户名：上海金锐铝业有限公司　付款人开户行：工行上海闵行支行

付款人账号(卡号)：31006626301801OO42578

合计金额(大写)：壹拾玖万伍仟叁佰捌拾陆元整　合计金额(小写)：¥195 386.00

税(费)种名称	所属日期	实缴金额
增值税	2016.12.01—2016.12.31	195 386.00

第二联作付款回单，无银行收讫章无效。　复核　记账

中国工商银行 2016.12.09 收讫专用章

业务 19

收　料　单

供货单位：苏州盛荣燃料商行　2016 年 12 月 10 日　材料类别：燃料　单位：元

序号	名称	单位	数量		实际成本		计划单价	金额	差异
			应收	实收	买价				
					单价	金额			
1	煤	吨	80	80	430	34 400	420	33 600	800

第二联：财务部

收料：罗铭　采购员：董杉　记账：　制单：罗铭

业务 20-1

领　料　单

领料部门：铸造车间　　　　领料人：赵达　　　　日期：2016 年 12 月 10 日

序号	订单号	物料名称	规格型号/颜色	单位	请领数量	实发数量	备注
1	SCDD1612004	合金铝锭	A356.2	千克	2 000	2 000	
2	SCDD1612004	精炼剂		千克	30	30	
3	SCDD1612004	清渣剂		千克	30	30	
4	SCDD1612004	变质剂		千克	30	30	

第三联：财务部

发料人：罗铭　　　　日期：2016 年 12 月 10 日　　　　批准：王丹

业务 20-2

领　料　单

领料部门：质检部　　　　领料人：赵科　　　　日期：2016 年 12 月 10 日

序号	订单号	物料名称	规格型号/颜色	单位	请领数量	实发数量	备注
1		防护服		件	3	3	
2		疲劳试验仪配件		个	3	3	
3		冲击试验仪配件		个	3	3	

第三联：财务部

发料人：罗铭　　　　日期：2016 年 12 月 10 日　　　　批准：王东亮

业务 20-3

领 料 单

领料部门：涂装车间　　　领料人：林丹阳　　　日期：2016 年 12 月 10 日

序号	订单号	物料名称	规格型号/颜色	单位	请领数量	实发数量	备注
1	SCDD1612001	底漆涂料	34#	千克	400	400	
2	SCDD1612001	亮漆涂料	39#	千克	100	100	
3	SCDD1612001	面漆	NTC	升	100	100	
4	SCDD1612001	稀释剂		升	150	150	
5		燃料		吨	1	1	

第三联：财务部

发料人：罗铭　　　日期：2016 年 12 月 10 日　　　批准：曹小林

业务 20-4

领 料 单

领料部门：财务部　　　领料人：　　　日期：2016 年 12 月 10 日

序号	订单号	物料名称	规格型号/颜色	单位	请领数量	实发数量	备注
1		打印机硒鼓		个	1	1	
2		复印纸		包	5	5	
3		文具		套	10	10	

第三联：财务部

发料人：罗铭　　　日期：2016 年 12 月 10 日　　　批准：

业务 21

现金盘点报告单

编制单位：上海金锐铝业有限公司　　2016 年 12 月 10 日　　单位：元

日　期	账面余额	实际库存额	盈　余	盘　亏	处理意见
2016.12.10	192 1.53	1 871.53		50.00	

会计主管：　　复核：　　制表：

业务 22

托收凭证(付款通知)　5

委托日期：2016 年 12 月 11 日

业务类型		委托收款(□邮划　□电划)　托收承付(□邮划　□电划)			
付款人	全　称	上海金锐铝业有限公司	收款人	全　称	安徽鼎盛铝业有限公司
	账　号	31001531320056002559		账　号	34001498608040037138
	开户银行	中国工商银行上海闵行支行		开户银行	建设银行合肥市三孝口支行
金额	人民币(大写)	壹拾万元整		千百十万千百十元角分	¥ 1 0 0 0 0 0 0 0
款项内容	货款	托收凭据名称	商业承兑汇票	附寄单证张数	1
商品发运情况		合同名称号码			
备注： 付款人开户银行收到日期 复核　记账		付款人开户银行签章 2016 年 12 月 11 日			

此联是付款人开户行给付款人按期付款的通知

业务 23-1

4403161130

深圳增值税专用发票

抵扣联

№ 06645884

开票日期：2016 年 12 月 12 日

购买方	名称：上海金锐铝业有限公司 纳税人识别号：310114743283856 地址、电话：上海市闵行区虹梅南路 3525 号 021-34637732 开户行及账号：中国工商银行上海闵行支行 31001531320056002559	密码区	（略）				
货物或应税劳务、服务名称	规格型号	单位	数量	单价	金额	税率	税额
轮毂喷涂材料	34#漆	千克	10 000	1.05	10 500.00	17%	1 785.00
轮毂喷涂材料	39#漆	千克	10 000	4.90	49 000.00	17%	8 330.00
合　计					¥59 500.00		¥10 115.00
价税合计(大写)	⊗陆万玖仟陆佰壹拾伍元整				（小写）¥69 615.00		
销售方	名称：深圳利兴表面处理有限公司 纳税人识别号：440300566989564 地址、电话：深圳市宝安区碧头工业大道 17 号 0755-86022522 开户行及账号：招商银行深圳龙华支行 556925000012215	备注	深圳利兴表面处理有限公司 440300566989564 发票专用章				

收款人：黄庆　　复核：毛燕　　开票人：孙爱国　　销售方：（章）

第二联：抵扣联　购买方抵税凭证

业务 23-2

4403161130

深圳增值税专用发票

发票联

№ 06645884

开票日期：2016 年 12 月 12 日

购买方	名称：上海金锐铝业有限公司 纳税人识别号：310114743283856 地址、电话：上海市闵行区虹梅南路 3525 号 021-34637732 开户行及账号：中国工商银行上海闵行支行 31001531320056002559	密码区	（略）				
货物或应税劳务、服务名称	规格型号	单位	数量	单价	金额	税率	税额
轮毂喷涂材料	34#漆	千克	10 000	1.05	10 500.00	17%	1 785.00
轮毂喷涂材料	39#漆	千克	10 000	4.90	49 000.00	17%	8 330.00
合　计					¥59 500.00		¥10 115.00
价税合计(大写)	⊗陆万玖仟陆佰壹拾伍元整				（小写）¥6 9615.00		
销售方	名称：深圳利兴表面处理有限公司 纳税人识别号：440300566989564 地址、电话：深圳市宝安区碧头工业大道 17 号 0755-86022522 开户行及账号：招商银行深圳龙华支行 556925000012215	备注	深圳利兴表面处理有限公司 440300566989564 发票专用章				

收款人：黄庆　　复核：毛燕　　开票人：孙爱国　　销售方：（章）

第三联：发票联　购买方记账凭证

业务 23-3

上海增值税专用发票

抵扣联

3100163130　　　№ 06645647

开票日期：2016 年 12 月 12 日

购买方	名　　称：上海金锐铝业有限公司 纳税人识别号：310114743283856 地 址、电 话：上海市闵行区虹梅南路 3525 号 021-34637732 开户行及账号：中国工商银行上海闵行支行 31001531320056002559	密码区	（略）

货物或应税劳务、服务名称	规格型号	单位	数量	单价	金额	税率	税额
公路运输		吨	1	1 500.00	1 500.00	11%	165.00
装卸搬运费		吨	1	50.00	50.00	6%	3.00
合　计					¥1 550.00		¥168.00
价税合计(大写)	⊗壹仟柒佰壹拾捌元整				(小写)¥1 718.00		

销售方	名　　称：上海铁路货运公司 纳税人识别号：310114748865382 地 址、电 话：上海市普陀区石泉路 300 号 021-54647899 开户行及账号：中国建设银行上海普陀支行 3100153132005746389	备注	上海铁路货运公司 310114748865382 发票专用章

收款人：张宇　　复核：林冬梅　　开票人：何宇　　销售方：(章)

第二联：抵扣联　购买方抵税凭证

业务 23-4

上海增值税专用发票

发票联

3100163130　　　№ 06645647

开票日期：2016 年 12 月 12 日

购买方	名　　称：上海金锐铝业有限公司 纳税人识别号：310114743283856 地 址、电 话：上海市闵行区虹梅南路 3525 号 021-34637732 开户行及账号：中国工商银行上海闵行支行 31001531320056002559	密码区	（略）

货物或应税劳务、服务名称	规格型号	单位	数量	单价	金额	税率	税额
公路运输		吨	1	1 500.00	1 500.00	11%	165.00
装卸搬运费		吨	1	50.00	50.00	6%	3.00
合　计			4		¥1 550.00		¥168.00
价税合计(大写)	⊗壹仟柒佰壹拾捌元整				(小写)¥1 718.00		

销售方	名　　称：上海铁路货运公司 纳税人识别号：310114748865382 地 址、电 话：上海市普陀区石泉路 300 号 021-54647899 开户行及账号：中国建设银行上海普陀支行 3100153132005746389	备注	上海铁路货运公司 310114748865382 发票专用章

收款人：张宇　　复核：林冬梅　　开票人：何宇　　销售方：(章)

第三联：发票联　购买方记账凭证

业务 23-5

中国工商银行业务委托书

委托日期：2016 年 12 月 12 日

业务类型		委托收款(□邮划　□电划)　托收承付(□邮划　□电划)			
付款人	全称	上海金锐铝业有限公司	收款人	全称	深圳利兴表面处理有限公司
	账号	310015313200560025559		账号	556925000012215
	开户银行	中国工商银行上海闵行支行		开户银行	招商银行深圳龙华支行
金额	人民币(大写)	陆万玖仟陆佰壹拾伍元整		千百十万千百十元角分	¥ 6 9 6 1 5 0 0
款项内容		托收凭据名称		附寄单证张数	
商品发运情况		合同名称号码			
备注： 复核　记账		收款人开户银行签章 2016 年 12 月 12 日			

此联是回单联

业务 24-1

上海增值税专用发票

3100161130

记账联

№ 04521252

开票日期：2016 年 12 月 13 日

购买方	名称：深圳天明轮毂有限公司 纳税人识别号：440300251845887 地址、电话：深圳南山区南山大道 1310 号 075526612808 开户行及账号：中国工商银行南山支行 30005211113668875147				密码区	(略)	
货物或应税劳务、服务名称	规格型号	单位	数量	单价	金额	税率	税额
汽车铝轮	16 寸	件	200	485.00	97 000.00	17%	16 490.00
合　计					¥97 000.00		¥16 490.00
价税合计(大写)	⊗壹拾壹万叁仟肆佰玖拾元整				(小写)¥113 490.00		
销售方	名称：上海金锐铝业有限公司 纳税人识别号：310114743283856 地址、电话：上海市闵行区虹梅南路 3525 号 021-34637732 开户行及账号：中国工商银行上海闵行支行 310015313200560025559				备注	上海金锐铝业有限公司 310114743283856 发票专用章	

收款人：　　复核：　　开票人：姜梅　　销售方：(章)

第一联：记账联　销售方记账凭证

业务 24-2

销售出库单

购货单位：深圳天明轮毂有限公司　　　　出库日期：2016 年 12 月 13 日

序号	货号	品名	规格	单位	数量	备注
1	C-0911665	汽车轮毂	16 寸	只	200	
2						
3						
4						
5						
合计					200	

第三联：财务部

发货人：杨威　　　　制单人：杨威　　　　审核人：张德利

业务 25

现金盘点报告单

编制单位：上海金锐铝业有限公司　　　　2016 年 12 月 13 日　　　　单位：元

日期	账面余额	实存金额	盈　余	盘　亏	处理意见
	1 921.53	1 871.53		50	管理费用列支 同意　李国骏

会计主管：　　　　复核：　　　　制表：

业务 26-1

工资结算汇总表

2016 年 12 月

公司名称：

部门	员工类型	人数	应付工资	社保											
				养老		医疗		失业		生育	工伤	个人总额	单位总额	社保小计
				单位	个人	单位	个人	单位	个人	单位	单位			
				20%	8%	10%	2%	1%	0.5%	1%	0.5%			
铸造车间	生产工人	12	71 339.00	14 267.80	5 707.12	7 133.90	1 426.78	713.39	356.70	713.39	356.70	7 490.60	23 185.18	30 675.77
	车间管理	2	8 400.00	1 680.00	672.00	840.00	168.00	84.00	42.00	84.00	42.00	882.00	2 730.00	3 612.00
机加车间	生产工人	12	59 000.00	11 800.00	4 720.00	5 900.00	1 180.00	590.00	295.00	590.00	295.00	6 195.00	19 175.00	25 370.00
	车间管理	2	8 400.00	1 680.00	672.00	840.00	168.00	84.00	42.00	84.00	42.00	882.00	2 730.00	3 612.00
涂装车间	生产工人	12	38 058.50	7 611.70	3 044.68	3 805.85	761.17	380.59	190.29	380.59	190.29	3 996.14	12 369.01	16 365.16
	车间管理	2	8 400.00	1 680.00	672.00	840.00	168.00	84.00	42.00	84.00	42.00	882.00	2 730.00	3 612.00
修理部	员工	3	12 500.00	2 500.00	1 000.00	1 250.00	250.00	125.00	62.50	125.00	62.50	1 312.50	4 062.50	5 375.00
质检部	员工	3	12 500.00	2 500.00	1 000.00	1 250.00	250.00	125.00	62.50	125.00	62.50	1 312.50	4 062.50	5 375.00
销售部	员工	8	56 000.00	11 200.00	4 480.00	5 600.00	1 120.00	560.00	280.00	560.00	280.00	5 880.00	18 200.00	24 080.00
行政管理	员工	20	174 825.00	34 965.00	13 986.00	17 482.50	3 496.50	1 748.25	874.13	1 748.25	874.13	18 356.63	56 818.13	75 174.75
合计		76	449 422.50	89 884.50	35 953.80	44 942.25	8 988.45	4 494.23	2 247.11	4 494.23	2 247.11	47 189.36	146 062.31	193 251.68

续表

部门	员工类型	人数	应付工资	公积金			工会经费			教育基金类	工资成本合计	代扣个税	实发工资
				单位	个人	小计	单位	个人	小计				
				7%	7%		2%			3%			
铸造车间	生产工人	12	71 339.00	4 993.73	4 993.73	9 987.46	1 426.78	200.00	1 626.78	1 783.48	102 728.16	587.00	58 067.68
	车间管理	2	8 400.00	588.00	588.00	1 176.00	168.00	10.00	178.00	210.00	12 096.00	42.00	6 878.00
机加车间	生产工人	12	59 000.00	4 130.00	4 130.00	8 260.00	1 180.00	100.00	1 280.00	1 475.00	84 960.00	481.90	48 093.10
	车间管理	2	8 400.00	588.00	588.00	1 176.00	168.00	10.00	178.00	210.00	12 096.00	42.00	6 878.00
涂装车间	生产工人	12	38 058.50	2 664.10	2 664.10	5 328.19	761.17	100.00	861.17	951.46	54 804.24	288.50	31 009.76
	车间管理	2	8 400.00	588.00	588.00	1 176.00	168.00	10.00	178.00	210.00	12 096.00	42.00	6 878.00
修理部	员工	3	12 500.00	875.00	875.00	1 750.00	250.00	20.00	270.00	312.50	18 000.00	135.00	10 157.50
质检部	员工	3	12 500.00	875.00	875.00	1 750.00	250.00	50.00	300.00	312.50	18 000.00	135.00	10 127.50
销售部	员工	8	56 000.00	3 920.00	3 920.00	7 840.00	1 120.00	100.00	1 220.00	1 400.00	80 640.00	4 281.00	41 819.00
行政管理	员工	20	174 825.00	12 237.75	12 237.75	24 475.51	3 496.50	150.00	3 646.50	4 370.63	251 748.00	3 580.00	140 500.63
合计		76	449 422.50	31 459.58	31 459.58	62 919.16	8 988.45	750.00	9 738.45	11 235.56	647 168.40	9 614.40	360 409.16

业务 26-2

ICBN 中国工商银行进账单(回单)

年　月　日

<table>
<tr><td rowspan="3">收款人</td><td>全　　称</td><td></td><td rowspan="3">付款人</td><td>全　　称</td><td colspan="11"></td></tr>
<tr><td>账　　号</td><td></td><td>账　　号</td><td colspan="11"></td></tr>
<tr><td>开户银行</td><td></td><td>开户银行</td><td colspan="11"></td></tr>
<tr><td rowspan="2">金额</td><td colspan="4" rowspan="2">(大写)</td><td>亿</td><td>千</td><td>百</td><td>十</td><td>万</td><td>千</td><td>百</td><td>十</td><td>元</td><td>角</td><td>分</td></tr>
<tr><td></td><td></td><td></td><td></td><td></td><td></td><td></td><td></td><td></td><td></td><td></td></tr>
<tr><td colspan="2">票据种类</td><td>转账支票　票据张数　1 张</td><td colspan="13" rowspan="3">开户银行盖章</td></tr>
<tr><td colspan="2">票据号码</td><td></td></tr>
<tr><td colspan="3">复核　　记账</td></tr>
</table>

此联是开户银行交给持(出)票人的回单

业务 26-3

工　资　表

发放单位：上海金锐铝业有限公司　　　　所属月份：2016 年 12 月

序号	姓名	实发工资	银行账号
1	盛祥	12 459.50	6222 0238 0301 3297 860
2	边江	10 455.20	6222 0238 0301 7634 878
3	王东亮	8 788.90	6222 0238 0301 4128 892
4	……	……	……
5	……	……	……
6	……	……	……
7	……	……	……
……	……	……	……
……	……	……	……
……	……	……	……
……	……	……	……
……	……	……	……
……	……	……	……
合计		360 409.16	

财务负责人：　　　　制表：

业务 27-1

上海市企业各项基金、经费缴费计算表

2016 年 12 月　　　　单位：元

基数	社保								个人总额	单位总额	社保合计缴纳
	养老		医疗		失业		生育	工伤			
	单位	个人	单位	个人	单位	个人	单位	单位			
	20%	8%	10%	2%	1%	0.5%	1%	0.5%			
449 422.50	89 884.50	35 953.80	44 942.25	8 988.45	4 494.23	2 247.11	4 494.23	2 247.11	47 189.36	146 062.31	193 251.68

基数	公积金			工会经费	教育基金类	合　计
	单位	个人	单位个人共计			
	7%	7%		2%	2.5%	
449 422.50	31 459.58	31 459.58	62 919.16	8 988.45	11 235.56	276 394.84

业务 27-2

行政拨交工会经费缴款书

单位：

电话：　　　　　　　　　　　　　　缴款日期：　　年　月　日　　　　　字第

所属月份		职工人数		上月工资总额		按 2%应拨缴经费	¥

收入基层工会　工作费户								上解上级工会　工作费户								缴款单位							
户　名								户　名								户　名							
账　号								账　号								账　号							
开户行								开户行								开户行							
比　例	万	千	百	十	元	角	分	比　例	万	千	百	十	元	角	分	合计	万	千	百	十	元	角	分
60%								40%															
合计金额	人民币（大写）															上列款项已分别入有关工会账户。							
缴款单位盖章								工会盖章								银行盖章							

第四联：由缴款单位转交基层工会作为银行收账通知

业务 27-3

行政拨交工会经费缴款书

单位：

电话：　　　　　　　　　　　　　　缴款日期：　　年　月　日　　　　　字第

所属月份		职工人数		上月工资总额		按 2%应拨缴经费	¥

收入基层工会　工作费户								上解上级工会　工作费户								缴款单位							
户　名								户　名								户　名							
账　号								账　号								账　号							
开户行								开户行								开户行							
比　例	万	千	百	十	元	角	分	比　例	万	千	百	十	元	角	分	合计	万	千	百	十	元	角	分
60%								40%															
合计金额	人民币（大写）															上列款项已分别入有关工会账户。							
缴款单位盖章								工会盖章								银行盖章							

第四联：由缴款单位转交基层工会作为银行收账通知

业务 27-4

上海市住房公积金汇缴书

年　　月　　日　　　　　　附清册　　张

<table>
<tr><td colspan="2">单位名称</td><td colspan="3"></td><td colspan="3">☐汇缴：　年　月份</td></tr>
<tr><td colspan="2">单位住房
公积金账号</td><td colspan="3"></td><td colspan="3">☐补缴：　人数　　人</td></tr>
<tr><td colspan="2" rowspan="2">缴交金额
(大写)</td><td colspan="4" rowspan="2"></td><td colspan="2">十 万 千 百 十 元 角 分</td></tr>
<tr><td colspan="2"></td></tr>
<tr><td colspan="2">上月汇缴</td><td colspan="2">本月增加汇缴</td><td colspan="2">本月减少汇缴</td><td colspan="2">本月汇缴</td></tr>
<tr><td>人数</td><td>金额</td><td>人数</td><td>金额</td><td>人数</td><td>金额</td><td>人数</td><td>金额</td></tr>
<tr><td></td><td></td><td></td><td></td><td></td><td></td><td></td><td></td></tr>
<tr><td>付款行</td><td colspan="2">付款账号</td><td colspan="2">支票号码</td><td colspan="3" rowspan="2"></td></tr>
<tr><td></td><td colspan="2"></td><td colspan="2"></td></tr>
<tr><td colspan="8">银行盖章</td></tr>
</table>

第一联：银行盖章后单位记账

业务 27-5

上海市社会保险费征收专用收据（批）

财政事业专用章　上海市　收据联　财政部监制

2016年12月　　　　No. 1506655764

参保户名称：　上海金锐铝业有限公司

社会保险登记码　389767 缴纳日期：2016年12月15日　　流水号：67866832

项目	类型	金额
社会保险费	缴费卡	193251.68
合计（人民币大写）：	壹拾玖万叁仟贰佰伍拾壹元陆角捌分	

经办人：　闵行分中心　打印日期：2016年12月15日　收款单位（盖章）

上海市社会保险费事业管理中心 结算专用章

上海市社会保险费征收明细

险种	项目明细	金额	险种	项目明细	金额
城镇养老	用人单位缴纳	89884.50			
	用人单位职工缴纳（单位代扣代缴）	35953.80			
城镇医疗	用人单位缴纳	44942.25			
	用人单位职工缴纳（单位代扣代缴）	8988.45			
城镇失业	用人单位缴纳	4494.23			
	用人单位职工缴纳（单位代扣代缴）	2247.11			
工伤保险	用人单位缴纳	2247.11			
生育保险	用人单位缴纳	4494.23			

业务 28

上海增值税普通发票

发票联

3100161120　　　　№ 06645372

开票日期：2016 年 12 月 15 日

购买方	名　　称：上海金锐铝业有限公司 纳税人识别号：310114743283856 地 址、电 话：上海市闵行区虹梅南路 3525 号 021-34637732 开户行及账号：中国工商银行上海闵行支行 31001531320056002559	密码区	(略)

货物或应税劳务、服务名称	规格型号	单位	数量	单价	金额	税率	税额
仓库和办公大楼修理费用		单元	1	3 520.00	3 520.00	3%	105.60
合　计					¥3 520.00		¥105.60
价税合计(大写)	⊗叁仟陆佰贰拾伍元陆角整				(小写)¥3 625.60		

销售方	名　　称：上海永安防水工程公司 纳税人识别号：310114743754676 地 址、电 话：上海市闵行区嘉莘建东路 43 号 021-5417865 开户行及账号：中国建设银行上海闵行支行 31001531320088866442	备注	上海永安防水工程公司 310114743754676 发票专用章

收款人：李瓦仔　　复核：刘东　　开票人：赵梅　　销售方：(章)

第二联：发票联　购买方记账凭证

业务 29-1

上海增值税专用发票

记账联

3100161130　　　　№ 04521253

开票日期：2016 年 12 月 15 日

购买方	名　　称：江西明珠汽车用品有限公司 纳税人识别号：360103772568878 地 址、电 话：江西都昌县芙蓉山工业园 208 号 0792-5320668 开户行及账号：中国建设银行都昌支行 54062258878965420466	密码区	(略)

货物或应税劳务、服务名称	规格型号	单位	数量	单价	金额	税率	税额
汽车铝轮	14 寸	件	200	348.00	69 600.00	17%	11 832.00
汽车铝轮	15 寸	件	250	390.00	97 500.00	17%	16 575.00
汽车铝轮	16 寸	件	100	498.00	49 800.00	17%	8 466.00
合　计					¥216 900.00		¥36 837.00
价税合计(大写)	⊗贰拾伍万叁仟柒佰柒拾叁元整				(小写)¥253 773.00		

销售方	名　　称：上海金锐铝业有限公司 纳税人识别号：310114743283856 地 址、电 话：上海市闵行区虹梅南路 3525 号 021-34637732 开户行及账号：中国工商银行上海闵行支行 31001531320056002559	备注	上海金锐铝业有限公司 310114743283856 发票专用章

收款人：　　复核：　　开票人：毛媛媛　　销售方：(章)

第一联：记账联　销售方记账凭证

业务 29-2

托收凭证(受理回单)　　1

委托日期：2016 年 12 月 15 日

<table>
<tr><td colspan="2">业务类型</td><td colspan="2">委托收款(√邮划　□电划)</td><td colspan="2">委托收款(√邮划　□电划)</td></tr>
<tr><td rowspan="3">付款人</td><td>全　称</td><td>江西明珠汽车用品有限公司</td><td rowspan="3">收款人</td><td>全　称</td><td>上海金锐铝业有限公司</td></tr>
<tr><td>账　号</td><td>5406225887896542O466</td><td>账　号</td><td>310015313200560025 59</td></tr>
<tr><td>地址、开户银行</td><td>中国建设银行都昌支行</td><td>地址、开户银行</td><td>中国工商银行上海闵行支行</td></tr>
<tr><td>金额</td><td colspan="4">人民币
(大写)贰拾伍万叁仟柒佰柒拾叁元整</td><td>千 百 十 万 千 百 十 元 角 分
¥ 2 5 3 7 7 3 0 0</td></tr>
<tr><td colspan="2">款项内容</td><td>销售货款</td><td>托收凭据名称</td><td></td><td>附寄单证张数</td></tr>
<tr><td colspan="2">商品发运情况</td><td colspan="2"></td><td>合同名称号码</td><td></td></tr>
<tr><td colspan="2">备注：
中国工商银行上海分行
闵行办
2016．12．15
(21)
复核　记账</td><td colspan="3">款项收妥日期

收款人开户银行签章
年　月　日</td><td></td></tr>
</table>

此联是银行给收款人的回单

业务 29-3

销售出库单

购货单位：江西明珠汽车用品有限公司　　　出库日期：2016 年 12 月 15 日

序号	货号	品名	规格	单位	数量	备注
1	C-0931460	汽车轮毂	14 寸	只	200	
2	C-0921560	汽车轮毂	15 寸	只	250	
3	C-0911665	汽车轮毂	16 寸	只	100	
4						
5						
合计					550	

第三联：财务部

发货人：杨威　　　制单人：杨威　　　审核人：张德利

业务30

领　料　单

领料部门：　　　　　　领料人：罗铭　　　　　　日期：2016年12月15日

序号	订单号	物料名称	规格型号/颜色	单位	请领数量	实发数量	备注
1		木材		立方米	10.25	10.25	委托浙江金伯荣木器加工厂加工包装木箱

第三联：财务部

发料人：罗铭　　　　　　日期：2016年12月2日　　　　　　批准：张德利

业务31

收　料　单

供货单位：安徽鼎盛铝业有限公司　　　　2016年12月15日　　　　材料类别：熔铸配料

序号	名称	单位	数量		实际成本		计划单价	金额	差异
					买价				
			应收	实收	单价	金额			

第二联：财务部

收料：罗铭　　　　采购员：董杉　　　　记账：　　　　制单：罗铭

业务 32-1

销售出库单

购货单位：河北新郎玛汽车配件有限公司　　　　出库日期：2016 年 12 月 16 日

序号	货号	品名	规格	单位	数量	备注
1	C-0931460	汽车轮毂	14 寸	只	500	
2						
3						
4						
5						
合计					**500**	

第三联：财务部

发货人：杨威　　　　制单人：杨威　　　　审核人：张德利

业务 32-2

上海增值税专用发票

记账联

3100161130　　　　№ **04521254**

开票日期：2016 年 12 月 16 日

购买方	名　　称：河北新郎玛汽车配件有限公司 纳税人识别号：130535772780632 地 址、电 话：河北省临西县玉兰东路 51 号 开户行及账号：中国农业银行临西县支行 242001040011382	密码区	(略)

货物或应税劳务、服务名称	规格型号	单位	数量	单价	金额	税率	税额
汽车轮毂	14 寸	件	500	388.00	179 000.00	17%	30 430.00
合　　计					¥179 000.00		¥30 430.00
价税合计(大写)	⊗贰拾万玖仟肆佰叁拾元整				(小写)¥209 430.00		

销售方	名　　称：上海金锐铝业有限公司 纳税人识别号：310114743283856 地 址、电 话：上海市闵行区虹梅南路 3525 号 021-34637732 开户行及账号：中国工商银行上海闵行支行 31001531320056002559	备注	上海金锐铝业有限公司 310114743283856 发票专用章

第一联：记账联　销售方记账凭证

收款人：　　　　复核：　　　　开票人：毛媛媛　　　　销售方：(章)

业务 32-3

托收凭证(受理回单)　　1

委托日期：2016年 12月 16日

<table>
<tr><td colspan="2">业务类型</td><td colspan="5">委托收款(√邮划　□电划)　委托收款(√邮划　□电划)</td></tr>
<tr><td rowspan="3">付款人</td><td>全　称</td><td>河北新郎玛汽车配件有限公司</td><td rowspan="3">收款人</td><td>全　称</td><td colspan="2">上海全锐铝业有限公司</td></tr>
<tr><td>账　号</td><td>242001040011382</td><td>账　号</td><td colspan="2">31001531320056002559</td></tr>
<tr><td>地址、开户银行</td><td>中国农业银行临西县支行</td><td>地址、开户银行</td><td colspan="2">中国工商银行上海闵行支行</td></tr>
<tr><td>金额</td><td>人民币(大写)</td><td colspan="3">壹拾伍万玖仟肆佰叁拾元整</td><td colspan="2">千 百 十 万 千 百 十 元 角 分
¥ 1 5 9 4 3 0 0 0</td></tr>
<tr><td colspan="2">款项内容</td><td>销售货款</td><td colspan="2">托收凭据名称</td><td>附寄单证张数</td><td></td></tr>
<tr><td colspan="2">商品发运情况</td><td colspan="2"></td><td>合同名称号码</td><td colspan="2"></td></tr>
<tr><td colspan="2">备注：
中国工商银行上海分行
闵行办
2016．12．31
(21)
复核　记账</td><td colspan="3">款项收妥日期

收款人开户银行签章
年　月　日</td><td colspan="2"></td></tr>
</table>

此联是银行给收款人的回单

业务 32-4

收　　据

入账日期：　　年　　月　　日　　No 35912354

交款单位：	收款方式：
人民币(大写)________________	¥
收款事由________________________	

财务主管　　记账　　出纳　　审核　　经办

业务 33-1

银行承兑汇票

签发日期(大写)：贰零壹陆年壹拾壹月壹拾陆日　　NO. 15800542

付款人全称	安徽美仑汽车配件有限公司	收款人全称	上海金锐铝业有限公司
付款人账号	34001498608040037138	收款人账号	31001531320056002559
开户银行	招商银行芜湖分行	开户银行	中国工商银行上海闵行支行
汇票金额	人民币(大写) 贰拾叁万叁仟零陆拾肆元整	千百十万千百十元角分	¥ 2 3 3 0 6 4 0 0
汇票到期日	贰零壹柒年零贰月壹拾陆日	本汇票已经承兑，到期由本行支付	承兑协议编号
本汇票已承兑，到期无条件支付票款。 承兑人签章 承兑日期　2017年 2月 16日		行签章 承兑日期	科目(借) 对方科目(贷) 转账　年　月　日 复核　记账

业务 33-2

贴现凭证(收账通知)　4

填写日期　　年　　月　　日

申请人	全　称		贴现汇票	种　类	银行汇票	号码	
	账　号			出票日			
	开户银行			到期日			
汇票承兑人(或银行)			账号		开户银行		
汇票金额(即贴现金额)	人民币(大写)				百十万千百十元角分		
贴现率		贴现利息	万千百十元角分	实付现金额	十万千百十元角分		
上述款项已入你单位账号。 银行签章 年　月　日							

业务 34

收 料 单

供货单位：深圳利兴表面处理有限公司　　2016 年 12 月 16 日　　材料类别：油漆粉底

<table>
<tr><th rowspan="3">序号</th><th rowspan="3">名称</th><th rowspan="3">单位</th><th colspan="2">数量</th><th colspan="2">实际成本</th><th rowspan="3">计划单价</th><th rowspan="3">金额</th><th rowspan="3">差异</th></tr>
<tr><th rowspan="2">应收</th><th rowspan="2">实收</th><th colspan="2">买价</th></tr>
<tr><th>单价</th><th>金额</th></tr>
<tr><td></td><td></td><td></td><td></td><td></td><td></td><td></td><td></td><td></td><td></td></tr>
<tr><td></td><td></td><td></td><td></td><td></td><td></td><td></td><td></td><td></td><td></td></tr>
<tr><td></td><td></td><td></td><td></td><td></td><td></td><td></td><td></td><td></td><td></td></tr>
<tr><td></td><td></td><td></td><td></td><td></td><td></td><td></td><td></td><td></td><td></td></tr>
<tr><td></td><td></td><td></td><td></td><td></td><td></td><td></td><td></td><td></td><td></td></tr>
</table>

第二联：财务部

收料：罗铭　　采购员：董杉　　记账：　　制单：罗铭

业务 35-1

3100161130　　**上海增值税专用发票**　　№ **04521255**

上海

记账联　　开票日期：2016 年 12 月 16 日

<table>
<tr><td rowspan="4">购买方</td><td>名　　称：深圳天明轮毂有限公司</td><td rowspan="4">密码区</td><td colspan="5" rowspan="4">(略)</td></tr>
<tr><td>纳税人识别号：440300251845887</td></tr>
<tr><td>地 址、电 话：深圳南山区南山大道 1310 号</td></tr>
<tr><td>开户行及账号：中国工商银行南山支行 30005211113668875147</td></tr>
</table>

货物或应税劳务、服务名称	规格型号	单位	数量	单价	金额	税率	税额
汽车铝轮	14 寸	件	200	340.00	68 000.00	17%	11 560.00
汽车铝轮	15 寸	件	280	395.00	110 600.00	17%	18 802.00
汽车铝轮	16 寸	件	100	490.00	49 000.00	17%	8 330.00
包装木箱		只	30	60.00	1 800.00	17%	306.00
合计					¥229 400.00		¥38 998.00
价税合计(大写)	⊗贰拾陆万捌仟叁佰玖拾捌元整				(小写)¥268 398.00		

<table>
<tr><td rowspan="4">销售方</td><td>名　　称：上海金锐铝业有限公司</td><td rowspan="4">备注</td><td rowspan="4">上海金锐铝业有限公司
310114743283856
发票专用章</td></tr>
<tr><td>纳税人识别号：310114743283856</td></tr>
<tr><td>地 址、电 话：上海市闵行区虹梅南路 3525 号 021-34637732</td></tr>
<tr><td>开户行及账号：中国工商银行上海闵行支行 31001531320056002559</td></tr>
</table>

第一联：记账联　销售方记账凭证

收款人：　　复核：　　开票人：毛媛媛　　销售方：(章)

业务 35-2

商业承兑汇票

出票日期(大写)：贰零壹陆年壹拾贰月壹拾陆日

<table>
<tr><td rowspan="3">付款人</td><td>全　称</td><td colspan="4">深圳天明轮毂有限公司</td><td rowspan="3">收款人</td><td>全　称</td><td colspan="10">上海金锐铝业有限公司</td></tr>
<tr><td>账　号</td><td colspan="4">30005211113668875147</td><td>账　号</td><td colspan="10">31001531320056002559</td></tr>
<tr><td>开户银行</td><td colspan="4">中国工商银行南山支行</td><td>开户银行</td><td colspan="10">中国工商银行上海闵行支行</td></tr>
<tr><td rowspan="2" colspan="2">出票金额</td><td rowspan="2" colspan="6">人民币
(大写)　贰拾陆万捌仟叁佰玖拾捌元整</td><td>千</td><td>百</td><td>十</td><td>万</td><td>千</td><td>百</td><td>十</td><td>元</td><td>角</td><td>分</td></tr>
<tr><td></td><td>¥</td><td>2</td><td>6</td><td>8</td><td>3</td><td>9</td><td>8</td><td>0</td><td>0</td></tr>
<tr><td colspan="2">汇票到期日</td><td colspan="4"></td><td colspan="4">交易合同号码</td><td colspan="8"></td></tr>
<tr><td colspan="6">本汇票已承兑，到期无条件支付票款。

承兑人签章
承兑日期　　年　月　日</td><td colspan="12">本汇票请予以承兑于到期日付款。

出票人签章</td></tr>
</table>

业务 35-3

销售出库单

购货单位：深圳天明轮毂有限公司　　　　出库日期：2016 年 12 月 16 日

序号	货号	品名	规格	单位	数量	备注
1	C-0931460	汽车轮毂	14 寸	只	200	
2	C-0921560	汽车轮毂	15 寸	只	280	
3	C-0911665	汽车轮毂	16 寸	只	100	
4						
5						
合计					580	

第三联：财务部

发货人：杨威　　　　制单人：杨威　　　　审核人：张德利

业务 35-4

领　料　单

领料部门：产成品仓库　　　　领料人：杨威　　　　日期：2016 年 12 月 15 日

序号	订单号	物料名称	规格型号/颜色	单位	请领数量	实发数量	备注
1		包装木箱		只	30	30	随货销售，深圳天明轮毂有限公司

第三联：财务部

发料人：罗铭　　　　日期：2016 年 12 月 16 日　　　　批准：张德利

业务 36

领　料　单

领料部门：　　　　领料人：王东亮、丁冬、赵明　　　　日期：2016 年 12 月 16 日

序号	订单号	物料名称	规格型号/颜色	单位	请领数量	实发数量	备注
1		电焊机		台	3	3	修理部
2		压力表		块	6	6	质检部
3		打印硒鼓		个	5	5	行政部

第三联：财务部

发料人：罗铭　　　　日期：2016 年 12 月 16 日　　　　批准：张德利

业务 37-1

3400161130　　**安徽增值税专用发票**　　№ 06698037

抵扣联

开票日期：2016 年 12 月 17 日

购买方		密码区
名　　称：上海金锐铝业有限公司 纳税人识别号：310114743283856 地 址 、 电 话：上海市闵行区虹梅南路 3525 号 021-34637732 开户行及账号：中国工商银行上海闵行支行 310015313200560025559		(略)

货物或应税劳务、服务名称	规格型号	单位	数量	单价	金额	税率	税额
合金铝锭	A356.2	千克	8 000	20.80	166 400.00	17%	28 288.00
合计					¥166 400.00		¥28 288.00
价税合计(大写)	⊗壹拾玖万肆仟陆佰捌拾捌元整				(小写)¥194 688.00		

销售方	备注
名　　称：安徽鼎盛铝业有限公司 纳税人识别号：34241732995799 地 址 、 电 话：六安市经济开发区经三路 16 号 0551-12863666 开户行及账号：建设银行合肥支行 34001498608040037	安徽鼎盛铝业有限公司 342401732995799 发票专用章

收款人：　　　复核：　　　开票人：赵大合　　　销售方：(章)

第二联：抵扣联　购买方扣税凭证

业务 37-2

3400161130　　**安徽增值税专用发票**　　№ 06698037

发票联

开票日期：2016 年 12 月 17 日

购买方		密码区
名　　称：上海金锐铝业有限公司 纳税人识别号：310114743283856 地 址 、 电 话：上海市闵行区虹梅南路 3525 号 021-34637732 开户行及账号：中国工商银行上海闵行支行 310015313200560025559		(略)

货物或应税劳务、服务名称	规格型号	单位	数量	单价	金额	税率	税额
合金铝锭	A356.2	千克	8 000	20.80	166 400.00	17%	28 288.00
合计					¥166 400.00		¥28 288.00
价税合计(大写)	⊗壹拾玖万肆仟陆佰捌拾捌元整				(小写)¥194 688.00		

销售方	备注
名　　称：安徽鼎盛铝业有限公司 纳税人识别号：34241732995799 地 址 、 电 话：六安市经济开发区经三路 16 号 0551-12863666 开户行及账号：建设银行合肥支行 34001498608040037	安徽鼎盛铝业有限公司 342401732995799 发票专用章

收款人：　　　复核：　　　开票人：赵大合　　　销售方：(章)

第三联：发票联　购买方记账凭证

业务 37-3

专用收款收据

收款日期：2016年 12月 17日

缴款单位 (缴款人)	上海金锐铝业有限公司	收款 单位	安徽鼎盛铝业有限公司	收款 项目	订货款
人民币 (大写)	肆万玖仟玖佰贰拾元整				

十	万	千	百	十	元	角	分
¥	4	9	9	2	0	0	0

收款事由	定金	经办部门	
		经办人员	

上述款项照数收讫无误 收款单位财务专用章 (领款人签字)	会计主管	稽核	出纳	缴款人

第三联　给付款单位作收据

业务 38-1

上海海关进口关税专用缴款书

收入系统：海关系统　　填发日期：2016年 12月 15日　　号码：NO.2016133152492850-A01

收款单位	收入机关	中央金库		缴款单位	名　称	上海金锐铝业有限公司
	科　目	进口增值税	预算级次　中央		账　号	31001531320056002559
	收款国库	工行上海市分行营业部(022029)			开户银行	中国工商银行上海闵行支行

税号	货物名称	数量	单位	完税价格	税率	税款金额
1.87087091	汽车轮毂/ATS/成套散件/宝马 3 系	132	千克	7 312.00	10%	731.20
金额人民币(大写)	柒佰叁拾壹元贰角整				合计	731.20

申请单位编号	3106980018	报关单编号	22322012551535600	填制单位	收缴国库(银行)
合同(批文)	828127	运输工具(号)			
缴款期限	2016 年 12 月 31 日前	提/装货单号	9209314258-1000754	制单人 222479 复核人	
备注	一般贸易　照章征税　2016-12-10 国标代码　310112586741110000　USD 6.6172 电子支付流水号　731.20				

从填发缴款书之日起限 15 日内缴纳(期末遇法定节假日顺延)，逾期按日征收税款总额 0.5‰的滞纳金。

业务 38-2

上海海关进口增值税专用缴款书

收入系统：税务系统　　填发日期：2016 年 12 月 15 日　　号码：NO.2016133152492850-L02

收款单位	收入机关	中央金库			缴款单位	名　称	上海金锐铝业有限公司
	科　目	进口增值税	预算级次	中央		账　号	31001531320056002559
	收款国库	工行上海市分行营业部(022029)				开户银行	中国工商银行上海闵行支行

税号	货物名称	数量	单位	完税价格	税率	税款金额
1.87087091	汽车轮毂/ATS/成套散件/宝马 3 系	132	千克	8 043.20	17%	1 367.34
金额人民币(大写)	壹仟叁佰陆拾柒元叁角肆分				合计	1 367.34

申请单位编号	3106980018	报关单编号	22322012551535600	填制单位	收缴国库(银行)
合同(批文)	828127	运输工具(号)		制单人 222479 复核人	
缴款期限	2016 年 12 月 31 日前	提/装货单号	9209314258-1000754		
备注	一般贸易　照章征税　2016-12-10 国标代码 310112586741110000　USD 6.6172 电子支付流水号　1367.34				

从填发缴款书之日起限 15 日内缴纳(期末遇法定节假日顺延)，逾期按日征收税款总额 0.5‰的滞纳金。

业务 39-1

3400161130　　**安徽增值税专用发票**　　№ **06698039**

安徽　抵扣联

开票日期：2016 年 12 月 18 日

购买方	名　　称：上海金锐铝业有限公司 纳税人识别号：310114743283856 地址、电话：上海市闵行区虹梅南路 3525 号 021-34637732 开户行及账号：中国工商银行上海闵行支行 31001531320056002559			密码区	(略)		
货物或应税劳务、服务名称	规格型号	单位	数量	单价	金额	税率	税额
叉车	FD30-35R	辆	2	30 000.00	60 000.00	17%	10 200.00
合计					¥60 000.00		¥10 200.00
价税合计(大写)	⊗柒万零贰佰元整			(小写)¥70 200.00			
销售方	名　　称：安徽芜湖市合叉叉车销售有限公司 纳税人识别号：91340822570886425X 地址、电话：安徽省芜湖市大庆路 3201 号 0553-87654235 开户行及账号：招商银行芜湖分行 556900000919889			备注	安徽芜湖市合叉叉车销售有限公司 91340822570886425X 发票专用章		

第二联：抵扣联　购买方扣税凭证

收款人：　　复核：　　开票人：张明　　销售方：(章)

业务 39-2

3400161130　　安徽增值税专用发票　　№ 06698039

安徽 发票联

开票日期：2016 年 12 月 18 日

购买方	名　　称：上海金锐铝业有限公司 纳税人识别号：310114743283856 地址、电话：上海市闵行区虹梅南路 3525 号 021-34637732 开户行及账号：中国工商银行上海闵行支行 3100153132005600255 9	密码区	(略)				
货物或应税劳务、服务名称	规格型号	单位	数量	单价	金额	税率	税额
叉车	FD30-35R	辆	2	30 000.00	60 000.00	17%	10 200.00
合计					¥60 000.00		¥10 200.00
价税合计(大写)	⊗柒万零贰佰元整			(小写)¥70 200.00			
销售方	名　　称：安徽芜湖市合叉叉车销售有限公司 纳税人识别号：91340822570886425X 地址、电话：安徽省芜湖市大庆路 3201 号 0553-87654235 开户行及账号：招商银行芜湖分行 556900000919889	备注	安徽芜湖市合叉叉车销售有限公司 91340822570886425X 发票专用章				

收款人：　　复核：　　开票人：张明　　销售方：(章)

第三联：发票联　购买方记账凭证

业务 39-3

固 定 资 产 卡 片

单位名称：	
卡片编号：	
资产类别：☐房屋建筑　☐机械设备　☐办公设备　☐车辆　☐仪器　☐家具　☐其他	
资产编号：	资产名称：
品牌型号：	生产厂商：
购入日期：	启用日期：
采购人员：	采购金额：
使用状态：	存放地点：

使用记录					
使用部门	使用人员	保管人员	领用日期	移交日期	(粘贴资产正面及侧面照片两张)

备注：

复核人：　　制表人：

业务 40-1

商业承兑汇票

出票日期(大写)：贰零壹陆年壹拾贰月壹拾日

<table>
<tr><td rowspan="3">付款人</td><td>全　　称</td><td>深圳永华汽车部件有限公司</td><td rowspan="3">收款人</td><td>全　　称</td><td colspan="11">上海金锐铝业有限公司</td></tr>
<tr><td>账　　号</td><td>41018100040006022</td><td>账　　号</td><td colspan="11">31001531320056002559</td></tr>
<tr><td>开户银行</td><td>中国农业银行福田分行</td><td>开户银行</td><td colspan="11">中国工商银行上海闵行支行</td></tr>
<tr><td colspan="2" rowspan="2">出票金额</td><td colspan="3" rowspan="2">人民币
(大写)　肆万陆仟捌佰元整</td><td>千</td><td>百</td><td>十</td><td>万</td><td>千</td><td>百</td><td>十</td><td>元</td><td>角</td><td>分</td></tr>
<tr><td></td><td></td><td>¥</td><td>4</td><td>6</td><td>8</td><td>0</td><td>0</td><td>0</td><td>0</td></tr>
<tr><td colspan="2">汇票到期日</td><td colspan="2"></td><td colspan="3">交易合同号码</td><td colspan="9"></td></tr>
<tr><td colspan="4">本汇票已承兑，到期无条件支付票款。

承兑人签章
承兑日期　　　年　　月　　日</td><td colspan="12">本汇票请予以承兑于到期日付款。

出票人签章</td></tr>
</table>

商业承兑汇票背面

<table>
<tr><td>被背书人：</td><td>被背书人：</td></tr>
<tr><td>背书人签章：

年　　月　　日</td><td></td></tr>
</table>

业务 40-2

专用收款收据

收款日期 2016 年 12 月 19 日

缴款单位(缴款人)	上海金锐铝业有限公司	收款单位	深圳瑞克材料有限公司	收款项目	货款				
人民币(大写)	壹万陆仟元整	十	万	千	百	十	元	角	分
		¥	1	6	0	0	0	0	0
收款事由	货款补差	经办部门							
		经办人员							
上述款项照数收讫无误。收款单位财务专用章(领款人签字)	会计主管	稽核	出纳	缴款人					

第三联　给付款单位作收据

业务 41-1

中国工商银行进账单(回单)

2016 年 12 月 19 日

收款人	全称	上海金锐铝业有限公司	付款人	全称	浙江嘉兴顺达汽车修理厂
	账号	31001531320056002559		账号	33001531320056006789
	开户银行	中国工商银行上海闵行支行		开户银行	中国工商银行嘉兴支行

金额	人民币(大写)	亿	千	百	十	万	千	百	十	元	角	分
	伍万捌仟伍佰元整				¥	5	8	5	0	0	0	0

票据种类	转账支票	票据张数	1 张
票据号码			
复核　记账			开户银行盖章

此联是开户银行交给持(出)票人的回单

业务 41-2

记账特殊附件(模板)

20　　年　　月　　日第　　号凭证，将　　公司应收账款　　　　元作坏账冲销。此款为该笔冲销款项又收回。

上海金锐铝业有限公司 财务专用章

会计主管：

年　　月　　日

注：此处记账特殊附件无标准样式，具体由实训学生自拟，上述模板仅供参考使用。

业务 42-1

中国工商银行本票　2

付款期壹个月											
签发日期(大写) 贰零壹陆年壹拾贰月壹拾伍日											
收款人：上海金锐铝业有限公司　　申请人：上海聚龙汽车修理厂											
凭票即付人民币(大写) 贰万伍仟元整	亿	千	万	十	万	千	百	十	元	角	分
				¥	2	5	0	0	0	0	0
☐ 转账　☐ 现金											
备注：　出票行签章　　出纳　复核　经办											

业务 42-2

中国工商银行进账单(回单)

2016 年 12 月 19 日

收款人	全　　称	上海全锐铝业有限公司	付款人	全　　称	上海聚龙汽车修理厂
	账　　号	31001531320056002559		账　　号	300117322902490
	开户银行	中国工商银行上海闵行支行		开户银行	中国工商银行虹口支行

金额	人民币(大写)	亿	千	百	十	万	千	百	十	元	角	分
	贰万伍仟元整				¥	2	5	0	0	0	0	0

票据种类	本票	票据张数	1 张
票据号码			

复核　　　　记账　　　　开户银行盖章

业务 43-1

收　料　单

供货单位：安徽福斯特铝业有限公司　　2016 年 12 月 20 日　　材料类别：铝材类

序号	名称	单位	数量		实际成本		计划单价	金额	差异
			应收	实收	买价				
					单价	金额			
1	铝锭	千克	15 000	14 900					

第二联：财务部

收料：罗铭　　采购员：董杉　　记账：　　制单：罗铭

业务 43-2

短缺材料损失计算表

年　　月　　日　　　　单位：元

采购厂家	材料名称	入库数量				采购成本		进项税额		损失合计
		计划	实际	短缺	比例	实际成本	短缺成本	实际	短缺	

业务 44-1

中国银行 BANK OF CHINA

利息收入回单

客户号：323567047　　日期：2016 年 12 月 20 日

收款人名称：上海金锐铝业有限公司

收款人开户行：中国银行上海市春申路支行

金额：CNY87.50

人民币捌拾柒元伍角整

存款种类：单位人民币活期一般账户存款　　存款账号：446863952219

存款本金：　　起止日期：　　利率：

交易机构：00557　　交易渠道：其他　　交易流水号：494951846-088　　经办：

回单编号：2016123072670499　　验证码：020F3Q28KUINDUQVIF41

业务 44-2

中国银行 BANK OF CHINA

利息收入回单

客户号：323567047　　日期：2016 年 12 月 20 日

收款人名称：上海金锐铝业有限公司

收款人开户行：中国银行上海市春申路支行

金额：USD1.35

美元壹元叁角伍分

存款种类：待核查出口收汇美元存款　　存款账号：437763387189

存款本金：　　起止日期：　　利率：

交易机构：00557　　交易渠道：其他　　交易流水号：494951499-088　　经办：

回单编号：2016123072670502　　验证码：020F3Q28KUINDUQVIFUL

业务 44-3

中国工商银行 INDUSTRIAL AND COMMERCIAL BANK OF CHINA

业务回单（收款）

日期：2016 年 12 月 20 日　　回单编号：1535500001

付款人户名：　　付款人开户行：

付款人账号(卡号)：

收款人户名：上海金锐铝业有限公司　　收款人开户行：闵行莘庄支行

收款人账号(卡号)：3100153130056002559

金额：柒拾捌元肆角整　　小写：78.40

业务(产品)种类：利息入账　　凭证种类：000000000　　凭证号码：000000000000000

摘要：利息　　用途：　　币种：人民币

交易机构：0100101402　　记账柜员：00001　　交易代码：60012　　渠道：批量业务

起息日期：2016-09-21　　止息日期：2016-10-23　　利率：0.350000%　　利息：59.00

起息日期：2016-10-24　　止息日期：2016-12-20　　利率：0.350000%　　利息：19.40

计息账户账号：3100153130056002559

本回单为第一次打印，注意重复打印时间：2016-12-20　打印柜员：9　　验证码：C8ACA99

业务 45-1

付款期限 壹个月

中国工商银行　4
银行汇票 (多余款收账通知)　汇票号码第　号

出票日期(大写)　年　月　日　代理付款行：　行号：

收款人：安徽福斯特铝业有限公司		账号：556900000919119									
出票金额	人民币 (大写)	叁拾陆万元整									
实际结算金额	人民币 (大写)	叁拾伍万零伍佰柒拾肆元肆角捌分	千	百	十	万	千	百	十	元	角	分
				¥	3	5	0	5	7	4	4	8

申请人：　账号：

出票行：　行号：

备　注：

凭票付款

出票行签章

密押：										左列款项多余金额已收入你账户内。
多余金额										
千	百	十	万	千	百	十	元	角	分	
			¥	9	4	2	5	5	2	复核　记账

● 此联出票行清算多余款后交申请人。

备注：上述回单中除金额外的其他信息根据第 5 笔内容填列。

业务 45-2

中国工商银行 进账单 (回单)

年　月　日

收款人	全　称		付款人	全　称	
	账　号			账　号	
	开户银行			开户银行	

金额	人民币(大写)	亿	千	百	十	万	千	百	十	元	角	分

票据种类		票据张数		
票据号码				
复核　记账				开户银行盖章

此联是开户银行交给持(出)票人的回单

业务 46-1

3100161130　　**上海增值税专用发票**　　№ 04521256

记账联

开票日期：2016 年 12 月 21 日

购买方	名　　称：上海聚龙汽车修理厂 纳税人识别号：310109586452876 地 址、电 话：上海虹口区场中路 343 号 021-25654488 开户行及账号：工商银行虹口支行 300117322902490	密码区	(略)				
货物或应税劳务、服务名称	规格型号	单位	数量	单价	金额	税率	税额
汽车铝轮	14 寸	件	100	345.00	34 500.00	17%	5 865.00
合计					¥34 500.00		¥5 865.00
价税合计(大写)	⊗肆万零叁佰陆拾伍元整			(小写) ¥40 365.00			
销售方	名　　称：上海金锐铝业有限公司 纳税人识别号：310114743283856 地 址、电 话：上海市闵行区虹梅南路 3525 号 021-34637732 开户行及账号：中国工商银行上海闵行支行 31001531320056002559	备注	上海金锐铝业有限公司 310114743283856 发票专用章				

收款人：　　复核：　　开票人：王鑫磊　　销售方：(章)

第一联：记账联　销售方记账凭证

业务 46-2

销售出库单

购货单位：上海聚龙汽车修理厂　　出库日期：2016 年 12 月 21 日

序号	货号	品名	规格	单位	数量	备注
1	C-0931460	汽车轮毂	14 寸	只	100	
2						
3						
4						
5						
合计					100	

发货人：杨威　　制单人：杨威　　审核人：张德利

第三联：财务部

业务 46-3

领　料　单

领料部门：产成品仓库　　领料人：杨威　　日期：2016 年 12 月 21 日

序号	订单号	物料名称	规格型号/颜色	单位	请领数量	实发数量	备注
1		包装木箱		只	5	5	销售借用，上海聚龙汽车修理厂

第三联：财务部

发料人：罗铭　　日期：2016 年 12 月 21 日　　批准：张德利

业务 46-4

工商银行　**转账支票**　AE201646

付款期限自出票之日起十天

出票日期(大写) 贰零壹陆年壹拾贰月贰拾壹日　付款行名称：工商银行虹口支行

收款人：上海金锐铝业有限公司　出票人账号：300117322902490

人民币(大写)	肆万零叁佰陆拾伍元整	千	百	十	万	千	百	十	元	角	分
				¥	4	0	3	6	5	0	0

用途

上列款项请从我账户内支付　　密码＿＿＿＿＿＿

行号＿＿＿＿＿＿

出票人签章　　复核记账

业务 46-5

中国工商银行 进账单 (回单)

年 月 日

<table>
<tr><td rowspan="3">收款人</td><td>全 称</td><td></td><td rowspan="3">付款人</td><td>全 称</td><td colspan="11"></td></tr>
<tr><td>账 号</td><td></td><td>账 号</td><td colspan="11"></td></tr>
<tr><td>开户银行</td><td></td><td>开户银行</td><td colspan="11"></td></tr>
<tr><td rowspan="2">金额</td><td colspan="4" rowspan="2">人民币
(大写)</td><td>亿</td><td>千</td><td>百</td><td>十</td><td>万</td><td>千</td><td>百</td><td>十</td><td>元</td><td>角</td><td>分</td></tr>
<tr><td></td><td></td><td></td><td></td><td></td><td></td><td></td><td></td><td></td><td></td><td></td></tr>
<tr><td>票据种类</td><td></td><td>票据张数</td><td></td><td colspan="12" rowspan="3">开户银行盖章</td></tr>
<tr><td>票据号码</td><td colspan="3"></td></tr>
<tr><td colspan="4">复核 记账</td></tr>
</table>

此联是开户银行交给持(出)票人的回单

业务 47

收 料 单

供货单位：深圳瑞克材料有限公司 2016 年 12 月 22 日 材料类别：油漆

<table>
<tr><td rowspan="3">序号</td><td rowspan="3">名称</td><td rowspan="3">单位</td><td colspan="2">数量</td><td colspan="2">实际成本</td><td rowspan="3">计划单价</td><td rowspan="3">金额</td><td rowspan="3">差异</td></tr>
<tr><td rowspan="2">应收</td><td rowspan="2">实收</td><td colspan="2">买价</td></tr>
<tr><td>单价</td><td>金额</td></tr>
<tr><td>1</td><td>纳米漆</td><td>升</td><td>2 000</td><td>2 000</td><td></td><td></td><td></td><td></td><td></td></tr>
<tr><td></td><td></td><td></td><td></td><td></td><td></td><td></td><td></td><td></td><td></td></tr>
<tr><td></td><td></td><td></td><td></td><td></td><td></td><td></td><td></td><td></td><td></td></tr>
<tr><td></td><td></td><td></td><td></td><td></td><td></td><td></td><td></td><td></td><td></td></tr>
<tr><td></td><td></td><td></td><td></td><td></td><td></td><td></td><td></td><td></td><td></td></tr>
</table>

第二联：财务部

收料：罗铭 采购员：董杉 记账： 制单：罗铭

业务 48-1

上海增值税专用发票

3100161130　　记账联　　No 04521257

开票日期：2016 年 12 月 22 日

购买方	名　　称：上海金达铝业有限公司 纳税人识别号：310109586999999 地 址、电 话：上海虹口区广粤路 300 号 02125655522 开户行及账号：工商银行虹口支行 300117322903333	密码区	(略)

货物或应税劳务、服务名称	规格型号	单位	数量	单价	金额	税率	税额
非专利技术使用权转让费		项	1	25 000.00	25 000.00	6%	1 500.00
合计					¥25 000.00		¥1 500.00
价税合计(大写)	⊗贰万陆仟伍佰元整				(小写) ¥26 500.00		

销售方	名　　称：上海金锐铝业有限公司 纳税人识别号：310114743283856 地 址、电 话：上海市闵行区虹梅南路 3525 号 021-34637732 开户行及账号：中国工商银行上海闵行支行 31001531320056002559	备注	

收款人：　　复核：　　开票人：毛媛媛　　销售方：(章)

第一联：记账联　销售方记账凭证

业务 48-2

工商银行转账支票

AE201602

付款期限自出票之日起十天

出票日期(大写) 贰零壹陆年壹拾贰月贰拾贰日　　付款行名称：工商银行虹口支行

收款人：上海金锐铝业有限公司　　出票人账号：300117322903333

人民币(大写)	千	百	十	万	千	百	十	元	角	分
贰万陆仟伍佰元整			¥	2	6	5	0	0	0	0

用途

上列款项请从　　密码________

我账户内支付　　行号________

出票人签章　　复核　　记账

业务 48-3

中国工商银行 进账单 (回单)

年　　月　　日

收款人	全　称		付款人	全　称	
	账　号			账　号	
	开户银行			开户银行	
金额	人民币(大写)			亿 千 百 十 万 千 百 十 元 角 分	
票据种类		票据张数			
票据号码					
复核		记账		开户银行盖章	

此联是开户银行交给持(出)票人的回单

业务 49-1

上海增值税专用发票

3100163130　　　　上海　抵扣联　　　　№ **06698549**

开票日期：2016 年 12 月 22 日

购买方	名　　称：上海金锐铝业有限公司 纳税人识别号：310114743283856 地 址 、电 话：上海市闵行区虹梅南路 3525 号 021-34637732 开户行及账号：中国工商银行上海闵行支行 31001531320056002559				密码区	(略)	
货物或应税劳务、服务名称	规格型号	单位	数量	单价	金额	税率	税额
天然气		立方	46 641.08	3.79	176 769.69	13%	22 980.06
合计					¥176 769.69		¥22 980.06
价税合计(大写)	⊗壹拾玖万玖仟柒佰肆拾玖元柒角伍分				(小写)¥199 749.75		
销售方	名　　称：上海闵行燃气公司 纳税人识别号：310112202269878 地 址 、电 话：上海市闵行区莘北路 021-51698868 开户行及账号：交通银行莘庄支行 3100662365200006				备注	上海闵行燃气公司 310112202269878 发票专用章	

收款人：　　　　复核：　　　　开票人：张兆宝　　　　销售方：(章)

第二联：抵扣联　购买方扣税凭证

业务 49-2

上海增值税专用发票

3100163130　　上海　发票联　　№ 06698549

开票日期：2016 年 12 月 22 日

购买方	名　　称：上海金锐铝业有限公司 纳税人识别号：310114743283856 地 址 、电 话：上海市闵行区虹梅南路 3525 号 021-34637732 开户行及账号：中国工商银行上海闵行支行 31001531320056002559	密码区	(略)

货物或应税劳务、服务名称	规格型号	单位	数量	单价	金额	税率	税额
天然气		立方	46 641.08	3.79	176 769.69	13%	22 980.06
合　　计					¥176 769.69		¥22 980.06
价税合计(大写)	⊗壹拾玖万玖仟柒佰肆拾玖元柒角伍分				(小写)¥199 749.75		

销售方	名　　称：上海闵行燃气公司 纳税人识别号：310112202269878 地 址 、电 话：上海市闵行区莘北路 021-51698868 开户行及账号：交通银行莘庄支行 3100662365200006	备注	上海闵行燃气公司 310112202269878 发票专用章

收款人：　　复核：　　开票人：张兆宝　　销售方：(章)

第三联：发票联　购买方记账凭证

业务 50-1

上海增值税专用发票

3100163130　　上海　抵扣联　　№ 06698550

开票日期：2016 年 12 月 22 日

购买方	名　　称：上海金锐铝业有限公司 纳税人识别号：310114743283856 地 址 、电 话：上海市闵行区虹梅南路 3525 号 021-34637732 开户行及账号：中国工商银行上海闵行支行 31001531320056002559	密码区	(略)

货物或应税劳务、服务名称	规格型号	单位	数量	单价	金额	税率	税额
电力		千瓦时	129 455.87	1.058	136 964.31	17%	23 283.93
合　　计					¥136 964.31		¥23 283.93
价税合计(大写)	⊗壹拾陆万零贰佰肆拾捌元贰角肆分				(小写)¥160 248.24		

销售方	名　　称：上海市电力公司闵行供电分公司 纳税人识别号：310112132224671 地 址 、电 话：上海市闵行区莘北路 289 号 021-51698888 开户行及账号：农业银行莘庄支行 3100662365201234	备注	上海市电力公司闵行供电分公司 310112132224671 发票专用章

收款人：　　复核：　　开票人：王刚　　销售方：(章)

第二联：抵扣联　购买方扣税凭证

业务 50-2

上海增值税专用发票

3100163130　　　　上海　发票联　　　　№ 06698550

开票日期：2016 年 12 月 22 日

购买方	名　　称：上海金锐铝业有限公司 纳税人识别号：310114743283856 地 址 、电 话：上海市闵行区虹梅南路 3525 号 021-34637732 开户行及账号：中国工商银行上海闵行支行 3100153132005600255 9	密码区	(略)

货物或应税劳务、服务名称	规格型号	单位	数量	单价	金额	税率	税额
电力		千瓦时	129 455.87	1.058	136 964.31	17%	23 283.93
合　计					¥136 964.31		¥23 283.93
价税合计(大写)	⊗壹拾陆万零贰佰肆拾捌元贰角肆分				(小写)¥160 248.24		

销售方	名　　称：上海市电力公司闵行供电分公司 纳税人识别号：310112132224671 地 址 、电 话：上海市闵行区莘北路 289 号 021-51698888 开户行及账号：农业银行莘庄支行 3100662365201234	备注	上海市电力公司闵行供电分公司 310112132224671 发票专用章

收款人：　　　　复核：　　　　开票人：王刚　　　　销售方：(章)

第三联：发票联　购买方记账凭证

业务 51-1

收　料　单

供货单位：安徽银湖电子科技有限公司　　2016 年 12 月 23 日　　材料类别：低值易耗品

序号	名称	单位	数量		实际成本		计划单价	金额	差异
					买价				
			应收	实收	单价	金额			
1	数控机床配件	套	20	20	1 350	27 000			
2	立式机床配件	套	20	20	1 350	27 000			
3	切冒口机配件	套	30	30	950	28 500			
4	喷砂机配件	套	30	30	1050	31 500			
	合计					114 000			

收料：罗铭　　　　采购员：董杉　　　　记账：　　　　制单：罗铭

第二联：财务部

业务 51-2

安徽增值税专用发票

安徽 抵扣联

3400161130　　No 04598551

开票日期：2016 年 12 月 23 日

购买方	名　　称：上海金锐铝业有限公司 纳税人识别号：310114743283856 地 址、电 话：上海市闵行区虹梅南路 3525 号 021-34637732 开户行及账号：中国工商银行上海闵行支行 31001531320056002559	密码区	(略)

货物或应税劳务、服务名称	规格型号	单位	数量	单价	金额	税率	税额
电气元件		件	100	1 140.00	114 000.00	17%	19 380.00
合　计					¥114 000.00		¥19 380.00
价税合计(大写)	⊗壹拾叁万叁仟叁佰捌拾元整				(小写)¥133 380.00		

销售方	名　　称：安徽银湖电子科技有限公司 纳税人识别号：913408225701234567 地 址、电 话：安徽省合肥市中山路 2001 号 0551-83125786 开户行及账号：招商银行合肥分行 556900000212236	备注	安徽银湖电子科技有限公司 913408225701234567 发票专用章

收款人：　　复核：　　开票人：钱大银　　销售方：(章)

第二联：抵扣联　购买方扣税凭证

业务 51-3

安徽增值税专用发票

安徽 发票联

3400161130　　No 04598551

开票日期：2016 年 12 月 23 日

购买方	名　　称：上海金锐铝业有限公司 纳税人识别号：310114743283856 地 址、电 话：上海市闵行区虹梅南路 3525 号 021-34637732 开户行及账号：中国工商银行上海闵行支行 31001531320056002559	密码区	(略)

货物或应税劳务、服务名称	规格型号	单位	数量	单价	金额	税率	税额
电气元件		件	100	1 140.00	114 000.00	17%	19 380.00
合计					¥114 000.00		¥19 380.00
价税合计(大写)	⊗壹拾叁万叁仟叁佰捌拾元整				(小写)¥133 380.00		

销售方	名　　称：安徽银湖电子科技有限公司 纳税人识别号：913408225701234567 地 址、电 话：安徽省合肥市中山路 2001 号 0551-83125786 开户行及账号：招商银行合肥分行 556900000212236	备注	安徽银湖电子科技有限公司 913408225701234567 发票专用章

收款人：　　复核：　　开票人：钱大银　　销售方：(章)

第三联：发票联　购买方记账凭证

业务 51-4

上海增值税专用发票

3100161130　　上海　记账联　　№ 04521258

开票日期：2016 年 12 月 23 日

购买方	名　　称：安徽银湖电子科技有限公司 纳税人识别号：913408225701234567 地 址、电 话：安徽省合肥市中山路 2001 号 0551-83125786 开户行及账号：招商银行合肥分行 556900000212236	密码区	(略)				
货物或应税劳务、服务名称	规格型号	单位	数量	单价	金额	税率	税额
汽车起重机	GF12	件	1	100 000.00	100 000.00	17%	17 000.00
合　　计					¥100 000.00		¥17 000.00
价税合计(大写)	⊗壹拾壹万柒仟元整			(小写)¥117 000.00			
销售方	名　　称：上海金锐铝业有限公司 纳税人识别号：310114743283856 地 址、电 话：上海市闵行区虹梅南路 3525 号 021-34637732 开户行及账号：中国工商银行上海闵行支行 31001531320056002559	备注	上海金锐铝业有限公司 310114743283856 发票专用章				

收款人：　　复核：　　开票人：毛媛媛　　销售方：(章)

第一联：记账联　销售方记账凭证

业务 51-5

上海增值税专用发票

3100163130　　上海　抵扣联　　№ 06698513

开票日期：2016 年 12 月 23 日

购买方	名　　称：上海金锐铝业有限公司 纳税人识别号：310114743283856 地 址、电 话：上海市闵行区虹梅南路 3525 号 021-34637732 开户行及账号：中国工商银行上海闵行支行 31001531320056002559	密码区	(略)				
货物或应税劳务、服务名称	规格型号	单位	数量	单价	金额	税率	税额
公路运输			1	1 000.00	1 000.00	11%	110.00
合　　计					¥1 000.00		¥110.00
价税合计(大写)	⊗壹仟壹佰壹拾元整				(小写)¥1 110.00		
销售方	名　　称：上海德邦物流有限公司 纳税人识别号：310229743751359 地 址、电 话：上海市闵行区北翟路 1551 号 021-52394778 开户行及账号：交通银行上海莘庄支行 31006301525788	备注	上海德邦物流有限公司 310229743751359 发票专用章				

收款人：　　复核：　　开票人：张国庆　　销售方：(章)

第二联：抵扣联　购买方扣税凭证

业务 51-6

3100163130　　上海增值税专用发票　　№ 06698513

发票联

开票日期：2016 年 12 月 23 日

购买方	名　　称：上海金锐铝业有限公司 纳税人识别号：310114743283856 地 址、电 话：上海市闵行区虹梅南路 3525 号 021-34637732 开户行及账号：中国工商银行上海闵行支行 31001531320056002559	密码区	(略)

货物或应税劳务、服务名称	规格型号	单位	数量	单价	金额	税率	税额
公路运输			1	1 000.00	1 000.00	11%	110.00
合　计					¥1 000.00		¥110.00
价税合计(大写)	⊗壹仟壹佰壹拾元整				(小写)¥1 110.00		

销售方	名　　称：上海德邦物流有限公司 纳税人识别号：310229743751359 地 址、电 话：上海市闵行区北翟路 1551 号 021-52394778 开户行及账号：交通银行上海莘庄支行 31006301525788	备注	上海德邦物流有限公司 310229743751359 发票专用章

收款人：　　复核：　　开票人：张国庆　　销售方：(章)

第三联：发票联　购买方记账凭证

业务 51-7

固定资产调出单

2016 年 12 月 23 日

固定资产名称及编号	规格型号	单位	数量	预计使用年限	已使用年限	原始价值	已提折旧	出售价
汽车起重机			1			120 000	37 600	100 000
固定资产调出原因	资产置换							
处理意见	使用部门	技术评估小组		固定资产管理部门			股东大会审批	
				同意				

业务 51-8

记账特殊附件

公司根据需要，以库存的一台 GF12 汽车起重机换入安徽银湖电子科技有限公司的电气元件 100 套。该汽车起重机的账面价值为 82 400 元，其公允价值为 100 000 元，增值税为 17 000 元。电气元件的公允价值为 114 000 元，增值税为 19 380 元。另外支付银湖公司补价 14 000 元。本次资产置换发生的相关税费各自承担。

特此说明。

会计主管：（上海金锐铝业有限公司 财务专用章）

日期：

注：此处记账特殊附件无标准样式，具体有实训学生自拟，上述模板仅供参考使用。

业务 52

中国工商银行 进账单（回单）　3

2016 年 12 月 21 日

付款人	全称	深圳天明轮毂有限公司	收款人	全称	上海金锐铝业有限公司
	账号	30005211113668875147		账号	31001531320056002559
	开户银行	中国工商银行南山支行		开户银行	中国工商银行上海闵行支行

金额	人民币（大写）	亿	千	百	十	万	千	百	十	元	角	分
	壹拾壹万壹仟伍佰伍拾元整			¥	1	1	1	5	5	0	0	0

票据种类		票据张数		开户银行签章
票据号码				
复核		记账		

此联是收款人开户银行交给收款人的收款通知

业务 53-1

收　料　单

供货单位：上海西商实业有限公司　　2016 年 12 月 23 日　　材料类别：工程物资

<table>
<tr><th rowspan="4">序号</th><th rowspan="4">名称</th><th rowspan="4">单位</th><th colspan="2">数量</th><th colspan="2">实际成本</th><th rowspan="4">计划单价</th><th rowspan="4">金额</th><th rowspan="4">差异</th></tr>
<tr><th rowspan="3">应收</th><th rowspan="3">实收</th><th colspan="2">买价</th></tr>
<tr><th rowspan="2">单价</th><th rowspan="2">金额</th></tr>
<tr></tr>
<tr><td>1</td><td>钢材</td><td>吨</td><td>20</td><td>20</td><td></td><td></td><td></td><td></td><td></td></tr>
<tr><td></td><td></td><td></td><td></td><td></td><td></td><td></td><td></td><td></td><td></td></tr>
<tr><td></td><td></td><td></td><td></td><td></td><td></td><td></td><td></td><td></td><td></td></tr>
<tr><td></td><td></td><td></td><td></td><td></td><td></td><td></td><td></td><td></td><td></td></tr>
<tr><td></td><td></td><td></td><td></td><td></td><td></td><td></td><td></td><td></td><td></td></tr>
</table>

第二联：财务部

收料：罗铭　　采购员：董杉　　记账：　　制单：罗铭

业务 53-2

3100163130　　**上海增值税专用发票**　　№ **03698553**

上海　抵扣联

开票日期：2016 年 12 月 23 日

<table>
<tr><td rowspan="4">购买方</td><td colspan="5">名　　称：上海金锐铝业有限公司</td><td rowspan="4">密码区</td><td colspan="3" rowspan="4">(略)</td></tr>
<tr><td colspan="5">纳税人识别号：310114743283856</td></tr>
<tr><td colspan="5">地 址、电 话：上海市闵行区虹梅南路 3525 号 021-34637732</td></tr>
<tr><td colspan="5">开户行及账号：中国工商银行上海闵行支行 31001531320056002559</td></tr>
<tr><td colspan="2">货物或应税劳务、服务名称</td><td>规格型号</td><td>单位</td><td>数量</td><td colspan="2">单价</td><td>金额</td><td>税率</td><td>税额</td></tr>
<tr><td colspan="2">钢材</td><td></td><td>吨</td><td>20</td><td colspan="2">3 120.00</td><td>62 400.00</td><td>17%</td><td>10 608.00</td></tr>
<tr><td colspan="2">合　　计</td><td></td><td></td><td></td><td colspan="2"></td><td>¥62 400.00</td><td></td><td>¥10 608.00</td></tr>
<tr><td colspan="2">价税合计(大写)</td><td colspan="6">⊗柒万叁仟零捌元整</td><td colspan="2">(小写)¥73 008.00</td></tr>
<tr><td rowspan="4">销售方</td><td colspan="5">名　　称：上海西商实业有限公司</td><td rowspan="4">备注</td><td colspan="3" rowspan="4">上海西商实业有限公司
310113202526996
发票专用章</td></tr>
<tr><td colspan="5">纳税人识别号：310113202526996</td></tr>
<tr><td colspan="5">地 址、电 话：上海市宝山区友谊路 1815 号 021-36072020</td></tr>
<tr><td colspan="5">开户行及账号：招商银行宝山支行 5569000047921618</td></tr>
</table>

第二联：抵扣联　购买方扣税凭证

收款人：　　复核：　　开票人：孙大西　　销售方：(章)

业务 53-3

上海增值税专用发票

3100163130　　No 03698553

上海　发票联

开票日期：2016 年 12 月 23 日

购买方	名　　称：上海金锐铝业有限公司 纳税人识别号：310114743283856 地 址、电 话：上海市闵行区虹梅南路 3525 号 021-34637732 开户行及账号：中国工商银行上海闵行支行 31001531320056002559	密码区	（略）				
货物或应税劳务、服务名称	规格型号	单位	数量	单价	金额	税率	税额
钢材		吨	20	3 120.00	62 400.00	17%	10 608.00
合　　计					¥62 400.00		¥10 608.00
价税合计(大写)	⊗柒万叁仟零捌元整				(小写)¥73 008.00		
销售方	名　　称：上海西商实业有限公司 纳税人识别号：310113202526996 地 址、电 话：上海市宝山区友谊路 1815 号 021-36072020 开户行及账号：招商银行宝山支行 5569000047921618	备注	上海西商实业有限公司 310113202526996 发票专用章				

第三联：发票联　购买方记账凭证

收款人：　　复核：　　开票人：孙大西　　销售方：（章）

业务 53-4

上海增值税专用发票

3100163130　　No 06698532

上海　抵扣联

开票日期：2016 年 12 月 23 日

购买方	名　　称：上海金锐铝业有限公司 纳税人识别号：310114743283856 地 址、电 话：上海市闵行区虹梅南路 3525 号 021-34637732 开户行及账号：中国工商银行上海闵行支行 31001531320056002559	密码区	（略）				
货物或应税劳务、服务名称	规格型号	单位	数量	单价	金额	税率	税额
公路运输			1	1 000.00	1 000.00	11%	110.00
合　　计					¥1 000.00		¥110.00
价税合计(大写)	⊗壹仟壹佰壹拾元整				(小写)¥1 110.00		
销售方	名　　称：上海德邦物流有限公司 纳税人识别号：310229743751359 地 址、电 话：上海市闵行区北翟路 1551 号 021-52394778 开户行及账号：交通银行上海莘庄支行 31006301525788	备注	上海德邦物流有限公司 310229743751359 发票专用章				

第二联：抵扣联　购买方扣税凭证

收款人：　　复核：　　开票人：张国庆　　销售方：（章）

业务 53-5

上海增值税专用发票

3100163130　　　　　　　　No 06698532

开票日期：2016 年 12 月 23 日

购买方	名　　称：上海金锐铝业有限公司 纳税人识别号：310114743283856 地址、电话：上海市闵行区虹梅南路 3525 号 021-34637732 开户行及账号：中国工商银行上海闵行支行 31001531320056002559	密码区	（略）

货物或应税劳务、服务名称	规格型号	单位	数量	单价	金额	税率	税额
公路运输			1	1 000.00	1 000.00	11%	110.00
合　计					¥1 000.00		¥110.00
价税合计(大写)	⊗壹仟壹佰壹拾元整				(小写)¥1 110.00		

销售方	名　　称：上海德邦物流有限公司 纳税人识别号：310229743751359 地址、电话：上海市闵行区北翟路 1551 号 021-52394778 开户行及账号：交通银行上海莘庄支行 31006301525788	备注	上海德邦物流有限公司 310229743751359 发票专用章

收款人：　　复核：　　开票人：张国庆　　销售方：(章)

第三联：发票联　购买方记账凭证

业务 53-6

领　料　单

领料部门：仓库(基建)　　领料人：罗铭　　日期：2016 年 12 月 23 日

序号	订单号	物料名称	规格型号/颜色	单位	请领数量	实发数量	备注
1		钢材		吨	10	10	

第三联：财务部

发料人：罗铭　　日期：2016 年 12 月 23 日　　批准：张德利

业务 54-1

3100161130　　**上海增值税普通发票**　　№ 04521259

上海 发票联

开票日期：2016 年 12 月 23 日

购买方	名　　称：新喜力铝业公司 纳税人识别号：310228794578103 地 址、电 话：上海市宝山区友谊路 805 号 021-51684056 开户行及账号：上海浦东发展银行打浦桥支行 98680154840000765				密码区	(略)	
货物或应税劳务、服务名称	规格型号	单位	数量	单价	金额	税率	税额
X 光检测仪		件	1	15 000.00	15 000.00	17%	2 550.00
合　　计					¥15 000.00		¥2 550.00
价税合计(大写)	⊗壹万柒仟伍佰伍拾元整				(小写) ¥17 550.00		
销售方	名　　称：上海金锐铝业有限公司 纳税人识别号：310114743283856 地 址、电 话：上海市闵行区虹梅南路 3525 号 021-34637732 开户行及账号：中国工商银行上海闵行支行 31001531320056002559				备注		

第二联：发票联　购买方记账凭证

收款人：　　复核：　　开票人：毛媛媛　　销售方：(章)

上海金锐铝业有限公司 310114743283856 发票专用章

业务 54-2

固定资产调出单

2016 年 12 月 23 日

固定资产名称及编号	规格型号	单位	数量	预计使用年限	已使用年限	原始价值	已提折旧	出售价
X 光检测仪			*1*			*32 800*	*13 120*	*15 000*
固定资产调出原因			*不再使用*					
处理意见	使用部门		技术评估小组		固定资产管理部门		股东大会审批	
			同意					

业务 54-3

付款期限自出票之日起十天

上海浦东发展银行 转账支票 AE201692

出票日期(大写) 贰零壹陆年壹拾贰月贰拾叁日 付款行名称：上海浦东发展银行打浦桥支行

收款人：上海金锐铝业有限公司 出票人账号：98680154840000765

人民币(大写)	壹万柒仟伍佰伍拾元整	千	百	十	万	千	百	十	元	角	分
				¥	1	7	5	5	0	0	0

用途

上列款项请从我账户内支付 密码 ____ 行号 ____

出票人签章 复核 记账

业务 54-4

中国工商银行 进账单 (回单)

年 月 日

收款人	全称		付款人	全称	
	账号			账号	
	开户银行			开户银行	

金额	人民币(大写)	亿	千	百	十	万	千	百	十	元	角	分

票据种类		票据张数	
票据号码			

复核 记账 开户银行盖章

此联是开户银行交给持(出)票人的回单

业务 55

固定资产清理损益计算表

2016 年 12 月 10 日

主管部门						使用单位			
固定资产名称	单位	数量	原始价值	已提折旧	净值	预计使用年限	实际使用年限	支付清理费	收回变价收入
X 光检测仪	件	1	32 800	13 120	19 680				15 000
固定资产清理原因			出售						
固定资产清理净损益			-4 680 元						

调出单位：(公章)　　主管人：　　调入单位：(公章)　　主管人：

业务 56

财产清查报告单

年　　月　　日

类别	财产名称	单位	单价	账面数量	实物数量	盘盈		盘亏		备注
						数量	金额	数量	金额	
合　计										

业务 57-1

成交过户电子交割单(卖)

股东编号		成交证券	上海贝岭
公司名称	上海金锐铝业有限公司	成交数量	10 000 股
申办编号	2016.12.24	成交价格	18.20 元
申报时间		成交金额	182 000.00 元
成交时间		佣金、过户费、印花税	546.00 元
上次余额		应收金额	181 454.00 元
本次成交		到期日期	
本次余额		到期金额	
本次库存			

经办单位：广发证券公司

业务 57-2

成交过户电子交割单(买)

股东编号		成交证券	龙宇燃油
公司名称	上海金锐铝业有限公司	成交数量	10 000 股
申办编号	2016.12.24	成交价格	20.92 元
申报时间		成交金额	209 200 元
成交时间		佣金、过户费、印花税	627.6 元
上次余额		应收金额	209 827.60 元
本次成交		到期日期	
本次余额		到期金额	
本次库存			

经办单位：广发证券公司

业务58

上海增值税普通发票

3100163130 发票联 No 06698558

开票日期：2016年12月25日

购买方	名称：上海金锐铝业有限公司 纳税人识别号：310114743283856 地址、电话：上海市闵行区虹梅南路3525号 021-34637732 开户行及账号：中国工商银行上海闵行支行31001531320056002559	密码区	(略)				
货物或应税劳务、服务名称	规格型号	单位	数量	单价	金额	税率	税额
培训费			1	2 912.62	2 912.62	3%	87.38
合计					¥2 912.62		¥87.38
价税合计(大写)	⊗叁仟元整				(小写)¥3 000.00		
销售方	名称：上海国培创新教育科技股份有限公司 纳税人识别号：310109586789456 地址、电话：上海虹口区广中路4652号 021-25657788 开户行及账号：工商银行虹口支行300117322905698	备注					

收款人： 复核： 开票人：李大培 销售方：(章)

第三联：发票联 购买方记账凭证

业务59

同城特约委托收款专用发票(样张)

2016年12月25日

用户	上海金锐铝业有限公司	电话	021-34637732	账号	31001531320056002559
合计金额	人民币(大写)捌佰伍拾柒元陆角整 ¥857.60				
项目	污水排放费				

付款方式：划转 收款员：王一

业务 60-1

上海增值税专用发票

3100163130　　抵扣联　　№ 02148560

开票日期：2016 年 12 月 25 日

购买方	名　　称：上海金锐铝业有限公司 纳税人识别号：310114743283856 地 址、电 话：上海市闵行区虹梅南路 3525 号 021-34637732 开户行及账号：中国工商银行上海闵行支行 31001531320056002559				密码区	(略)	
货物或应税劳务、服务名称	规格型号	单位	数量	单价	金额	税率	税额
账本		本	60	12.00	720.00	17%	122.40
三联式无碳复写收据		本	30	18.00	540.00	17%	91.80
合　　计					¥1 260.00		¥214.20
价税合计(大写)	⊗壹仟肆佰柒拾肆元贰角整				(小写)¥1 474.20		
销售方	名　　称：上海信立文化用品有限公司 纳税人识别号：310109586741852 地 址、电 话：上海虹口区水电路 021-25651122 开户行及账号：工商银行虹口支行 300117322369258				备注	上海信立文化用品有限公司 310109586741852 发票专用章	

第二联：抵扣联　购买方扣税凭证

收款人：　　复核：　　开票人：周信立　　销售方：(章)

业务 60-2

上海增值税专用发票

3100163130　　发票联　　№ 02148560

开票日期：2016 年 12 月 25 日

购买方	名　　称：上海金锐铝业有限公司 纳税人识别号：310114743283856 地 址、电 话：上海市闵行区虹梅南路 3525 号 021-34637732 开户行及账号：中国工商银行上海闵行支行 31001531320056002559				密码区	(略)	
货物或应税劳务、服务名称	规格型号	单位	数量	单价	金额	税率	税额
账本		本	60	12.00	720.00	17%	122.40
三联式无碳复写收据		本	30	18.00	540.00	17%	91.80
合　　计					¥1 260.00		¥214.20
价税合计(大写)	⊗壹仟肆佰柒拾肆元贰角整				(小写)¥1 474.20		
销售方	名称：上海信立文化用品有限公司 纳税人识别号：310109586741852 地址、电话：上海虹口区水电路 021-25651122 开户行及账号：工商银行虹口支行 300117322369258				备注	上海信立文化用品有限公司 310109586741852 发票专用章	

第三联：发票联　购买方记账凭证

收款人：　　复核：　　开票人：周信立　　销售方：(章)

业务 61

(流动资金贷款)还款凭证(回单)　4

单位编号：　　　　　　　　日期：2016年12月25日　　　　　　　银行编号：

<table>
<tr><td rowspan="3">付款人</td><td>全　称</td><td>上海金锐铝业有限公司</td><td rowspan="3">借款人</td><td>全　称</td><td colspan="10">上海金锐铝业有限公司</td></tr>
<tr><td>账　号</td><td>31001531320056002559</td><td>账　号</td><td colspan="10">31001531320056002559</td></tr>
<tr><td>开户银行</td><td>中国工商银行上海闵行支行</td><td>开户银行</td><td colspan="10">中国工商银行上海闵行支行</td></tr>
<tr><td colspan="2" rowspan="2">借款金额</td><td colspan="3" rowspan="2">人民币（大写）陆拾壹万玖仟伍佰柒拾伍元整</td><td>千</td><td>百</td><td>十</td><td>万</td><td>千</td><td>百</td><td>十</td><td>元</td><td>角</td><td>分</td></tr>
<tr><td></td><td>¥</td><td>6</td><td>1</td><td>9</td><td>5</td><td>7</td><td>5</td><td>0</td><td>0</td></tr>
<tr><td colspan="2" rowspan="2">计划还款日期</td><td rowspan="2">2016年12月25日</td><td colspan="2">还款次序</td><td colspan="10"></td></tr>
<tr><td colspan="2">还款内容</td><td colspan="10"></td></tr>
<tr><td colspan="3">备注：</td><td colspan="12">上述借款已从你单位往来账户转还。

(银行签章)
2016年12月25日</td></tr>
</table>

业务 62-1

财产清查报告单

年　　月　　日

财产名称	单位	单价	账面数量	实物数量	盘盈		盘亏		备注
					数量	金额	数量	金额	
合　计									

业务 62-2

关于财产盘盈与盘亏的处理意见(模板)

对于在清查中产生的财产盘盈与盘亏针对具体情况做出如下的处理意见：

从__________公司购入时短缺的_____千克______商品系运输途中被盗，由运输部门赔偿，材料采购部门负责催要。

财产清查中盘亏的____千克_____材料，系在仓库保管过程中遭雨淋而变质，由仓库保管员赔偿 50%的损失，其余转入管理费用。

盘亏的_____套_______半成品，属于收发计量差错，转入管理费用。

……

负责人签名：

2016 年 12 月 25 日

注：此处处理意见无标准样式，具体由实训学生自拟，上述模板仅供参考使用。

业务 63-1

3100163130　　**上海增值税普通发票**　　№ 06698563

（印章：上海 发票联）

开票日期：2016 年 12 月 7 日

购买方	名称：上海金锐铝业有限公司 纳税人识别号：310114743283856 地址、电话：上海市闵行区虹梅南路 3525 号 021-34637732 开户行及账号：中国工商银行上海闵行支行 31001531320056002559			密码区	(略)		
货物或应税劳务、服务名称	规格型号	单位	数量	单价	金额	税率	税额
餐费			1	9 043.40	9 043.40	6%	542.60
合　计					¥9 043.40		¥542.60
价税合计(大写)	⊗玖仟伍佰捌拾陆元整				(小写) ¥9 586.00		
销售方	名　　称：上海爱杉餐饮有限责任公司 纳税人识别号：310229743757536 地 址、电 话：上海市闵行区北翟路 1552 号 021-52394779 开户行及账号：交通银行上海莘庄支行 3100677626180109512			备注	（印章：上海爱杉餐饮有限责任公司 310229743757536 发票专用章）		

第二联：发票联　购买方记账凭证

收款人：　　复核：　　开票人：吴爱杉　　销售方：(章)

业务 63-2

POS 签购单

持卡人存根

销售点	上海爱杉餐饮有限责任公司
商户编号	
终端编号	
卡类别/卡号	9558　8010　xxxx　1234
交易类型	有效期
批号	凭证号
授权码	
日期/时间	2016.12.26　19:30
交易金额	
小费	
合计金额	RMB9 586.00
操作员号	
备注	

本人确认以上交易，同意将其记入本卡账户

持卡人签名

盛　祥(手写)

业务 64-1

销售出库单

购货单位：深圳天明轮毂有限公司　　出库日期：2016 年 12 月 27 日

序号	货号	品名	规格	单位	数量	备注
1	C-0911665	汽车轮毂	16 寸	只	(100)	
2						
3						
4						
5						
合计					(100)	

第三联：财务部

发货人：杨威　　制单人：杨威　　审核人：张德利

业务 64-2

上海增值税专用发票

3100161130　　上海　记账联　　№ 04521260

开票日期：2016 年 12 月 27 日

购买方	名　　称：深圳天明轮毂有限公司 纳税人识别号：440300251845887 地 址、电 话：深圳南山区南山大道 1310 号 开户行及账号：中国工商银行南山支行 30005211113668875147	密码区	(略)				
货物或应税劳务、服务名称	规格型号	单位	数量	单价	金额	税率	税额
汽车铝轮	16 寸	件	(100)	490.00	(49 000.00)	17%	(8 330.00)
合　　计					¥(49 000.00)		¥(8 330.00)
价税合计(大写)	⊗-伍万柒仟叁佰叁拾元整				(小写)¥57 330.00		
销售方	名　　称：上海金锐铝业有限公司 纳税人识别号：310114743283856 地 址、电 话：上海市闵行区虹梅南路 3525 号 021-34637732 开户行及账号：中国工商银行上海闵行支行 31001531320056002559	备注	上海金锐铝业有限公司 310114743283856 发票专用章				

第一联：记账联　销售方记账凭证

收款人：　　复核：　　开票人：毛媛媛　　销售方：(章)

业务 64-3

开具红字增值税专用发票信息表

填开日期：2016 年 12 月 27 日

销售方单位名称		购买方单位名称	深圳天明轮毂有限公司
销售方税务登记号		购买方税务登记号	440300251845887

	货物名称	单价	数量	金额	税率	税额
开具红字增值税普通发票内容						
	合　计					

说明：

一、购买方□

对应蓝字专用发票抵扣增值税销项税额情况：

1. 已抵扣□

2. 未抵扣☑

(1) 无法认证□

(2) 纳税人识别号认证不符□

(3) 增值税专用发票代码、号码认证不符□

(4) 所购货物或劳务、服务不属于增值税扣税项目范围□

对应蓝字专用发票的代码：　　　　　　号码：

二、销售方□

1. 购买方拒收发票□

2. 发票尚未交付□

对应蓝字专用发票的代码：　　　　　　号码：

红字发票信息表编号：

(自动生成)

业务 65-1

收　料　单

供货单位：浙江金伯荣木器加工厂　　2016 年 12 月 28 日　　材料类别：包装物

序号	名称	单位	数量		实际成本		计划单价	金额	差异
			应收	实收	买价 单价	买价 金额			
1	木箱	只	500	500					

第二联：财务部

收料：罗铭　　采购员：董杉　　记账：　　制单：罗铭

业务 65-2

3300161130　　**浙江增值税专用发票**　　№ **03942565**

抵扣联

开票日期：2016 年 12 月 28 日

购买方	名称：上海金锐铝业有限公司 纳税人识别号：310114743283856 地址、电话：上海市闵行区虹梅南路 3525 号 021-34637732 开户行及账号：中国工商银行上海闵行支行 31001531320056002559	密码区	(略)

货物或应税劳务、服务名称	规格型号	单位	数量	单价	金额	税率	税额
加工费		批	1	5 000.00	5 000.00	17%	850.00
合　计					¥5 000.00		¥850.00
价税合计(大写)	⊗伍仟捌佰伍拾元整				(小写)¥5 850.00		

销售方	名称：浙江金伯荣木器加工厂 纳税人识别号：330283557982451 地址、电话：浙江省杭州市天山路 100 号 0571-88567894 开户行及账号：招商银行杭州分行 556900000998214	备注	浙江金伯荣木器加工厂 330283557982451 发票专用章

收款人：　　复核：　　开票人：郑金伯　　销售方：(章)

第二联：抵扣联　购买方扣税凭证

业务 65-3

3300161130　　**浙江增值税专用发票**　　№ 03942565

浙江 发票联

开票日期：2016 年 12 月 28 日

购买方	名　　称：上海金锐铝业有限公司 纳税人识别号：310114743283856 地 址、电 话：上海市闵行区虹梅南路 3525 号 021-34637732 开户行及账号：中国工商银行上海闵行支行 31001531320056002559				密码区	(略)		
货物或应税劳务、服务名称	规格型号	单位	数量	单价	金额	税率	税额	
加工费		批	1	5 000.00	5 000.00	17%	850.00	
合　计					¥5 000.00		¥850.00	
价税合计(大写)	⊗伍仟捌佰伍拾元整				(小写)¥5 850.00			
销售方	名　　称：浙江金伯荣木器加工厂 纳税人识别号：330283557982451 地 址、电 话：浙江省杭州市天山路 100 号 0571-88567894 开户行及账号：招商银行杭州分行 556900000998214				备注	浙江金伯荣木器加工厂 330283557982451 发票专用章		

收款人：　　复核：　　开票人：郑金伯　　销售方：(章)

第三联：发票联　购买方记账凭证

业务 66

托收凭证(汇款依据或收账通知)　　**4**

委托日期：2016年 12月 15日

业务类型		委托收款(□邮划□电划)托收承付(□邮划□电划)			
付款人	全　称	江西明珠汽车用品有限公司	收款人	全　称	上海金锐铝业有限公司
	账　号	54062258878965420466		账　号	31001531320056002559
	开户银行	中国建设银行都昌支行		开户银行	中国工商银行上海闵行支行
金额	人民币(大写)	贰拾伍万叁仟柒佰柒拾叁元整			千 百 十 万 千 百 十 元 角 分 ¥ 2 5 3 7 7 3 0 0
款项内容	收回前欠货款	托收凭据名称		附寄单证张数	
商品发运情况	已发运			合同名称号码	
备注： 复核　　记账		上列款项已划回收入你方账户内。 收款人开户银行签章 2016年 12月 30日			

此联付款人开户银行以汇款或收款人开户银行作收账通知

业务 67-1

上海增值税专用发票

3100163130　　抵扣联　　№ 06857439

开票日期：2016 年 12 月 27 日

购买方	名　　称：上海金锐铝业有限公司 纳税人识别号：310114743283856 地 址、电 话：上海市闵行区虹梅南路 3525 号 021-34637732 开户行及账号：中国工商银行上海闵行支行 31001531320056002559	密码区	(略)

货物或应税劳务、服务名称	规格型号	单位	数量	单价	金额	税率	税额
自来水		立方米	2 150.38	6.30	13 547.39	13%	1 761.16
合　　计					¥13 547.39		¥1 761.16
价税合计(大写)	⊗壹万伍仟叁佰零捌元伍角伍分				(小写) ¥15 308.55		

销售方	名　　称：上海市自来水闵行有限公司 纳税人识别号：310112631656874 地 址、电 话：上海市闵行区中春路 4900 号 021-64887744 开户行及账号：工行上海市闵行分行 1101174509000045980	备注	上海市自来水闵行有限公司 310112631656874 发票专用章

收款人：　　复核：　　开票人：李磊　　销售方：(章)

第二联：抵扣联　购买方扣税凭证

业务 67-2

上海增值税专用发票

3100163130　　发票联　　№ 06857439

开票日期：2016 年 12 月 27 日

购买方	名　　称：上海金锐铝业有限公司 纳税人识别号：310114743283856 地 址、电 话：上海市闵行区虹梅南路 3525 号 021-34637732 开户行及账号：中国工商银行上海闵行支行 31001531320056002559	密码区	(略)

货物或应税劳务、服务名称	规格型号	单位	数量	单价	金额	税率	税额
自来水		立方米	2 150.38	6.30	13 547.39	13%	1 761.16
合　　计					¥13 547.39		¥1 761.16
价税合计(大写)	⊗壹万伍仟叁佰零捌元伍角伍分				(小写) ¥15 308.55		

销售方	名　　称：上海市自来水闵行有限公司 纳税人识别号：310112631656874 地 址、电 话：上海市闵行区中春路 4900 号 021-64887744 开户行及账号：工行上海市闵行分行 1101174509000045980	备注	上海市自来水闵行有限公司 310112631656874 发票专用章

收款人：　　复核：　　开票人：李磊　　销售方：(章)

第三联：发票联　购买方记账凭证

业务 67-3

委邮

委托托收 凭证(付款通知) 5 委托号码:

委托日期 *2016* 年 *12* 月 *28* 日　　付款期限 *2016* 年 *12* 月 *30* 日

付款人	全　称	*上海金锐铝业有限公司*	收款人	全　称	*上海市自来水闵行有限公司*	
	账　号	*310114743283856*		账　号	*310112631656874*	
	开户银行	*中国工商银行上海闵行支行*		开户银行	*工行闵行分行*	行号

委托金额	人民币(大写)	千	百	十	万	千	百	十	元	角	分
	壹万伍仟叁佰零捌元伍角伍分			¥	*1*	*5*	*3*	*0*	*8*	*5*	*5*

款项内容	*12 月电费*	收款凭证名称	*电费账单*	单据张数	*1*

备注:	付款人注意: 1. 应于付款期限内通知开户行划款。 2. 如需拒付，应在规定期限内，将拒付理由书并附债务证明退交开户行。

单位主管　　会计　　复核　　记账　　付款人开户行盖章　　年　月　日

业务 68

无形资产摊销计算表

2016 年 12 月 30 日

无形资产名称	原值	摊销期限/年	本月摊销金额/元
合　计			

业务 69

固定资产折旧计提表

2016 年 12 月 31 日　　　　单位：元

使用部门	固定资产项目	上月折旧额	上月增加固定资产		上月减少固定资产		本月	费用分配
			原值	月折旧额	原值	月折旧额	折旧额	
铸造车间	房屋建筑	6 539.42					6 539.42	制造费用
	机器设备	22 066.36					22 066.36	
	小计	28 605.78					28 605.78	
机加车间	房屋建筑	7 808.96					7 808.96	制造费用
	机器设备	41 813.51					41 813.51	
	小计	49 622.47					49 622.47	
涂装车间	房屋建筑	5 349.82					5 349.82	制造费用
	机器设备	18 214.11					18 214.11	
	小计	23 563.93					23 563.93	
维修部	房屋建筑	2 056.00					2 056.00	辅助生产成本——维修
	机器设备	1 072.00					1 072.00	
	小计	3 128.00					3 128.00	
质检部	房屋建筑	1 005.00					1 005.00	制造费用
	机器设备	2 443.00					2 443.00	
	小计	3 448.00					3 448.00	
行政管理部门	房屋建筑	3 500.50					3 500.50	管理费用
	办公设备	5 426.67	30 000.00	475.00			5 901.67	
	运输工具	15 833.33					15 833.33	
	小计	24 760.50					25 235.50	
销售部门	房屋建筑	2 462.18					2 462.18	销售费用
	办公设备	2 000.00					2 000.00	
	小计	4 462.18					4 462.18	
合　计		137 590.86					138 065.86	

业务 71

原材料成本差异率计算表

2016 年 12 月 31 日

类　别	月初结存		本月收入		合计		成本差异率
	计划成本	成本差异	计划成本	成本差异	计划成本	成本差异	
铝锭							
34#涂料							
39#涂料							
NTC 漆							
燃料							
合　计							

业务 72

原材料收发存汇总表

年　　月　　日

序号	分类	材料名称	材料型号	单位	上月结存			本月购入				本月领用					本月结存		
					数量	单价	金额	数量	单价	金额	供应商	数量	单价	计划价格	实际金额	部门	数量	单价	金额
01	铝材类	小计			125 000	18.00	2 250 000.00	14 900	18.00	268 200.00		73 814.02		1 328 652.37	1 345 428.38		66 085.98	18.00	1 189 547.63
02		铝锭	A356.2	千克	125 000	18.00	2 250 000.00	14 900	18.00	268 200.00	安徽福斯特	106 815.08	18.00	1 922 671.45	1 947 629.63	铸造领用			
03		铝锭	A356.3	千克								-33 026.90	18.00	-594 484.26	-602 201.25	机加退返			
04	熔铸配料	小计										1 099							
05		精炼剂		千克								576				铸造领用			
06		清渣剂		千克								223				铸造领用			
07		锶变质剂		千克								300				铸造领用			
08	刀钻冶具	小计																	
09		锯片	255#	片								10				机加领用			
10		螺旋铣刀	1#	个								20				机加领用			
11	油漆粉底	小计																	
12		底漆涂料	34#	千克								3 356				涂装领用			
13		面漆涂料	39#	千克								700				涂装领用			
14		面漆	NTC	升								660				涂装领用			
15	精油溶剂	稀释剂		升								1 373				涂装领用			
16	包装材料	包装套		个								9 500				涂装领用			
17	燃料费用	煤		吨								36.818				涂装领用			
18																			
	合计																		

制表：

*说明：为排版需要，本表中数据仅保留两位小数，直接结算可能会和相关数据产生误差，如此处-33026.90，在企业成本计算系统中使用的数据为-33026.9031。如需和其他成本数据进行精准校验，请使用计算工具辅助并尽可能保留小数位数。

业务 73

盘亏原材料成本差异分配表

2016 年 12 月 31 日

盘亏材料种类	计划成本	成本差异率	成本差异额
合　计			

业务 74

低值易耗品发出汇总表

2016 年 12 月 31 日

类别	品名	数量	单价	金额/元	领用部门
设备易损耗材	(略)			88 682.13	铸造车间领用模具
				28 301.60	铸造车间领用其他设备耗材
				2 500.00	机加车间领用设备耗材
				17 335.79	涂装车间领用设备耗材
				3 622.77	维修部领用维修用品
				489.84	质检部领用质检耗材
小计				140 932.13	
办公用品	(略)			1 066.67	机加车间
				869.40	管理部门
				150.70	销售部
小计				2 086.77	
电子耗材	(略)			2 100.80	销售部门领用
				850.00	管理部门领用
小计				2 950.80	
合计				145 969.70	

业务 75

工资费用分配表

2016 年 12 月 31 日

应借项目		应付职工薪酬汇总			
总账科目	明细科目	工资	企业承担的各项保费、经费等	其他薪酬	合计
生产成本——基本生产成本	铸造车间			500	
	机加车间				
	涂装车间				
	小计				
辅助生产成本	维修部				
制造费用	铸造车间				
	机加车间				
	涂装车间				
	质检部				
管理费用					
销售费用					
合　计					

业务 76

包装物发出汇总表

2016 年 12 月 31 日

用　途	包装物(木箱)			会计科目
	数量	单位成本	金额	
出售(单独计价)				
出借(单独计价)				
合　计				

业务 77

生产成本——辅助生产成本分配表

年　月　日　　　　单位：元

部门：维修车间

车　间	分配标准	分配率	分配金额/元
铸造车间			
机加车间			
涂装车间			
管理部门			
合　计			

业务 78

制造费用分配表

年　月　日　　　　单位：元

部门：质检部

车　间	分配标准	分配率	分配金额/元
铸造车间			
机加车间			
涂装车间			
合　计			

业务 79-1

制造费用分配表

部门：铸造车间

制造费用项目	14 寸轮毂 (3 000 件)	15 寸轮毂 (4 000 件)	16 寸轮毂 (2 000 件)	合计	分配率	备注
车间管理薪酬						产量分配
设备折旧						产量分配
厂房折旧						产量分配
模具费用						产量分配
物料消耗						产量分配
维修费用						产量分配
质检费用						产量分配
合　　计						

业务 79-2

制造费用分配表

部门：机加车间

制造费用项目	15 寸轮毂 (4 522 件)	14 寸轮毂 (3 000 件)	16 寸轮毂 (2 000 件)	合计	分配率	备注
车间管理薪酬						约当产量分配
设备折旧						约当产量分配
厂房折旧						约当产量分配
模具费用						铸造车间使用
物料消耗						约当产量分配
维修费用						约当产量分配
质检费用						约当产量分配
合　　计						

业务 79-3

制造费用分配表

部门：涂装车间

制造费用项目	15 寸轮毂 (4 614 件)	14 寸轮毂 (3 000 件)	16 寸轮毂 (2 000 件)	合计	分配率	备注
车间管理薪酬						约当产量分配
设备折旧						约当产量分配
厂房折旧						约当产量分配
模具费用						铸造车间使用
物料消耗						约当产量分配
维修费用						约当产量分配
质检费用						约当产量分配
合　计						

业务 80-1

铸造车间产品成本分配表 A

2016 年 12 月

产品名称：铝合金轮毂毛坯　　　　　　　　　　　　　　　　　单位：元

本月投产：9 000 台　　　月初在产品：0 台　　　月末在产品：0 台　　　本月完工：9 000 台

	14 寸轮毂 (3 000 件)	15 寸轮毂 (4 000 件)	16 寸轮毂 (2 000 件)	合　计	备　注
件数	3 000	4 000	2 000	9 000	
标准系数	0.92	1.00	1.08		
标准件数	2 760	4 000	2 160	8 920	
直接材料				1 963 443.65	直接材料按照标准产量计算
直接人工				103 228.16	直接人工按产量计算
燃料动力				232 132.54	燃料动力按照标准产量计算
制造费用				173 040.97	制造费用按产量计算
合计数					

业务 80-2

铸造车间产品成本分配表 B

2016 年 12 月

产品名称：铝合金轮毂毛坯　　　　单位：元

本月投产：9 000 台　　月初在产品：0 台　　月末在产品：0 台　　本月完工：9 000 台

		14 寸轮毂 (3 000 件)	15 寸轮毂 (4 000 件)	16 寸轮毂 (2 000 件)	合　计
直接材料	铝锭成本				1 947 629.63
	熔铸配料				15 814.02
	刀钻治具				0.00
	材料合计				1 963 443.65
直接人工	生产工资				102 728.16
	职工福利		500		500.00
	人工合计				103 228.16
燃料动力	燃料费用				176 769.69
	生产电耗				51 074.52
	生产水耗				4 288.33
	燃料动力合计				232 132.54
制造费用	车间管理薪酬				12 096.00
	设备折旧				22 066.36
	厂房折旧				6 539.42
	模具费用				88 682.13
	物料消耗				28 301.60
	维修费用				8 200.26
	质检费用				7 155.20
	制造费用合计				173 040.97
成本合计					2 471 845.32

业务 80-3

铸造车间产品成本计算单

2016 年 12 月

产品名称：14 寸铝合金轮毂毛坯 单位：元

本月投产：3 000 台 月初在产品：0 台 月末在产品：0 台 本月完工：3 000 台

14 寸轮毂毛坯 标准系数 0.92		铸造车间			
		1	2	3=1+2	4
		铸造期初余额	铸造本期发生额	铸造期末余额	铸造在产品分摊
本月核算总计		0.00	771 271.73	771 271.73	0.00
本月作业产量(只)			3 000.00	3 000.00	0.00
本月作业产量(千克)				37 800.00	0.00
KG 成本				20.40	0.00
直接材料	铝锭成本		602 629.80	602 629.80	0.00
	熔铸配料		4 893.13	4 893.13	0.00
	刀钻冶具		0.00	0.00	0.00
	油漆粉底				
	精油溶剂				
	包装材料				
	材料合计	0.00	607 522.92	607 522.92	0.00
直接人工	生产工资		34 242.72	34 242.72	0.00
	职工福利			0.00	0.00
	人工合计	0.00	34 242.72	34 242.72	0.00
燃料动力	燃料费用		54 695.55	54 695.55	0.00
	生产电耗		15 803.33	15 803.33	0.00
	生产水耗		1 326.88	1 326.88	0.00
	燃料动力合计	0.00	71 825.76	71 825.76	0.00
制造费用	车间管理薪酬		4 032.00	4 032.00	0.00
	设备折旧		7 355.45	7 355.45	0.00
	厂房折旧		2 179.81	2 179.81	0.00
	模具费用		29 560.71	29 560.71	0.00
	物料消耗		9 433.87	9 433.87	0.00
	维修费用		2 733.42	2 733.42	0.00
	质检费用		2 385.07	2 385.07	0.00
	制造费用合计	0.00	57 680.32	57 680.32	0.00
成本合计		0.00	771 271.73	771 271.73	0.00

业务 80-4

铸造车间产品成本计算单

2016 年 12 月

产品名称：15 寸铝合金轮毂毛坯　　　　单位：元

本月投产：4 000 台　　月初在产品：0 台　　月末在产品：0 台　　本月完工：4 000 台

15 寸轮毂毛坯 标准系数 1		铸造车间			
		1	2	3=1+2	4
		铸造期初余额	铸造本期发生额	铸造期末余额	铸造在产品分摊
本月核算总计		0.00	1 107 627.37	1 107 628.52	0.00
本月作业产量(只)			4 000.00	4 000.00	0.00
本月作业产量(千克)				50 400.00	0.00
KG 成本				21.98	0.00
直接材料	铝锭成本		873 376.52	873 376.52	0.00
	熔铸配料		7 091.49	7 092.63	0.00
	刀钻冶具		0.00	0.00	0.00
	油漆粉底				
	精油溶剂				
	包装材料				
	材料合计	0.00	880 468.00	880 469.15	0.00
直接人工	生产工资		45 656.96	45 656.96	0.00
	职工福利		500.00	500.00	0.00
	人工合计	0.00	46 156.96	46 156.96	0.00
燃料动力	燃料费用		79 268.92	79 268.92	0.00
	生产电耗		22 903.37	22 903.37	0.00
	生产水耗		1 923.02	1 923.02	0.00
	燃料动力合计	0.00	104 095.31	104 095.31	0.00
制造费用	车间管理薪酬		5 376.00	5 376.00	0.00
	设备折旧		9 807.27	9 807.27	0.00
	厂房折旧		2 906.41	2 906.41	0.00
	模具费用		39 414.28	39 414.28	0.00
	物料消耗		12 578.49	12 578.49	0.00
	维修费用		3 644.56	3 644.56	0.00
	质检费用		3 180.09	3 180.09	0.00
	制造费用合计	0.00	76 907.10	76 907.10	0.00
成本合计		0.00	1 107 627.37	1 107 628.52	0.00

业务 80-5

铸造车间产品成本计算单

2016 年 12 月

产品名称：16 寸铝合金轮毂毛坯　　单位：元

本月投产：2 000 台　　月初在产品：0 台　　月末在产品：0 台　　本月完工：2 000 台

16 寸轮毂毛坯 标准系数 1.08		铸造车间			
		1	2	3=1+2	4
		铸造期初余额	铸造本期发生额	铸造期末余额	铸造在产品分摊
本月核算总计		0.00	592 946.22	592 946.22	0.00
本月作业产量(只)			2 000.00	2 000.00	0.00
本月作业产量(千克)				25 200.00	0.00
KG 成本				23.53	0.00
直接材料	铝锭成本		471 623.32	471 623.32	0.00
	熔铸配料		3 829.40	3 829.40	0.00
	刀钻冶具		0.00	0.00	0.00
	油漆粉底				
	精油溶剂				
	包装材料				
	材料合计	0.00	475 452.72	475 452.72	0.00
直接人工	生产工资		22 828.48	22 828.48	0.00
	职工福利			0.00	0.00
	人工合计	0.00	22 828.48	22 828.48	0.00
燃料动力	燃料费用		42 805.22	42 805.22	0.00
	生产电耗		12 367.82	12 367.82	0.00
	生产水耗		1 038.43	1 038.43	0.00
	燃料动力合计	0.00	56 211.47	56 211.47	0.00
制造费用	车间管理薪酬		2 688.00	2 688.00	0.00
	设备折旧		4 903.64	4 903.64	0.00
	厂房折旧		1 453.21	1 453.21	0.00
	模具费用		19 707.14	19 707.14	0.00
	物料消耗		6 289.25	6 289.25	0.00
	维修费用		1 822.28	1 822.28	0.00
	质检费用		1 590.04	1 590.04	0.00
	制造费用合计	0.00	38 453.55	38 453.55	0.00
成本合计		0.00	592 946.22	592 946.22	0.00

业务 80-6

机加车间产品成本分配表 A

2016 年 12 月

产品名称：铝合金轮毂　　单位：元

本月投产：9 000 台　　月初在产品：522 台　　月末在产品：428 台　　本月完工：9 094 台

	14 寸轮毂	15 寸轮毂	16 寸轮毂	合计	备注
生产件数	3 000	4 522	2 000	9 522	
直接材料约当产量	3 000	4 522	2 000		
其他成本约当产量	3 000	4 308	2 000		
直接材料				−599 441.25	直接材料按照产量计算
直接人工				84 960.00	直接人工按约当产量计算
燃料动力				50 962.86	燃料动力按照约当产量计算
制造费用				84 165.43	制造费用按照约当产量计算
合计数					

业务 80-7

机加车间产品成本分配表 B

2016 年 12 月

产品名称：铝合金轮毂　　单位：元

本月投产：9 000 台　　月初在产品：522 台　　月末在产品：428 台　　本月完工：9 094 台

		14 寸轮毂 (3 000 件)	15 寸轮毂 (4 522 件)	16 寸轮毂 (2 000 件)	合计
直接材料	铝锭成本				−602 201.25
	熔铸配料				—
	刀钻冶具				2 760.00
	材料合计				−599 441.25
直接人工	生产工资				84 960.00
	职工福利				—
	人工合计				84 960.00
燃料动力	燃料费用				—
	生产电耗				45 236.18
	生产水耗				5 726.68
	燃料动力合计				50 962.86
制造费用	车间管理薪酬				12 096.00
	设备折旧				41 813.51
	厂房折旧				7 808.96
	模具费用				—
	物料消耗				3 566.67
	维修费用				11 650.36
	质检费用				7 229.93
	制造费用合计				84 165.43
成本合计					−379 352.96

业务 80-8

机加车间产品成本计算单

2016 年 12 月

产品名称：14 寸铝合金轮毂　　本月投产：3 000 台　　月初在产品：0 台　　月末在产品：0 台　　本月完工：3 000 台　　单位：元

14 寸轮毂毛坯		机加车间						
		5	6	7	8=6+7	9=5+8	10	11=9-10
		自制半成品领入*	机加期初余额	机加本期发生额	机加期末余额	机加核算总额	机加在产品分摊	下转涂装分摊
本月核算总计		768 603.99	0.00					
本月作业产量/只		3 000.00	0.00					
本月作业产量/千克			0.00					
KG 成本								
直接材料	铝锭成本	600 691.71	0.00					
	熔铸配料	4 877.39	0.00					
	刀钻冶具	0.00	0.00					
	油漆粉底							
	精油溶剂							
	包装材料							
	材料合计	605 569.10	0.00					
直接人工	生产工资	34 132.60	0.00					
	职工福利							
	人工合计	34 132.60	0.00					

续表

14 寸轮毂毛坯		机加车间						
		5 自制半成品领入	6 机加期初余额	7 机加本期发生额	8=6+7 机加期末余额	9=5+8 机加核算总额	10 机加在产品分摊	11=9-10 下转涂装分摊
燃料动力	燃料费用	54 519.65	0.00					
	生产电耗	15 752.50	0.00					
	生产水耗	1 322.62	0.00					
	燃料动力合计	71 594.77	0.00					
制造费用	车间管理薪酬	4 019.03						
	设备折旧	7 331.80	0.00					
	厂房折旧	2 172.80	0.00					
	模具费用	29 465.64	0.00					
	物料消耗	9 403.53	0.00					
	维修费用	2 724.63	0.00					
	质检费用	2 377.40	0.00					
	制造费用合计	57 494.83	0.00					
成本合计		768 791.30	0.00					

*说明：在实务中，企业采用计算机软件完成成本核算，因此自制半成品自仓库领出时需要重新计算分配各项成本明细，为提高实训效率，本表中直接给出自制半成品成本明细数据，业务 80-9、业务 80-10 数据来源同理。

业务 80-9

机加车间产品成本计算单

2016 年 12 月

产品名称：15 寸铝合金轮毂　　月投产：4 000 台　　月初在产品：522 台　　月末在产品：428 台　　本月完工：4 094 台　　单位：元

15 寸轮毂毛坯		机加车间						
		5	6	7	8=6+7	9=5+8	10	11=9-10
		自制半成品领入*	机加期初余额	机加本期发生额	机加期末余额	机加核算总额	机加在产品分摊	下转涂装分摊
本月核算总计		1 104 122.79	115 654.73					
本月作业产量/只		4 000.00	522.00					
本月作业产量/千克			6 237.90					
KG 成本								
直接材料	铝锭成本	871 396.11	85 420.45					
	熔铸配料	7 075.41	1 105.22					
	刀钻冶具	0.00	1 225.10					
	油漆粉底							
	精油溶剂							
	包装材料							
	材料合计	878 471.52	87 750.77					
直接人工	生产工资	45 553.44	5 040.50					
	职工福利	498.87						
	人工合计	46 052.31	5 040.50					

续表

15 寸轮毂毛坯		机加车间						
		5	6	7	8=6+7	9=5+8	10	11=9-10
		自制半成品领入*	机加期初余额	机加本期发生额	机加期末余额	机加核算总额	机加在产品分摊	下转涂装分摊
燃料动力	燃料费用	79 089.18	10 300.20					
	生产电耗	22 851.44	2 520.00					
	生产水耗	1 918.66	375.20					
	燃料动力合计	103 859.28	13 195.40					
制造费用	车间管理薪酬	5 363.81						
	设备折旧	9 785.03	2 050.68					
	厂房折旧	2 899.82	450.60					
	模具费用	39 324.91	2 900.50					
	物料消耗	12 549.97	3 600.98					
	维修费用	3 636.30	658.60					
	质检费用	3 172.88	6.70					
	制造费用合计	76 732.72	9 668.06					
成本合计		1 105 115.83	115 654.73					

业务 80-10

机加车间产品成本计算单

2016 年 12 月

产品名称：16 寸铝合金轮毂　本月投产：2 000 台　月初在产品：0 台　月末在产品：0 台　本月完工：2 000 台　单位：元

16 寸轮毂毛坯		机加车间						
		5	6	7	8=6+7	9=5+8	10	11=9−10
		自制半成品领入*	机加期初余额	机加本期发生额	机加期末余额	机加核算总额	机加在产品分摊	下转涂装分摊
本月核算总计		591 220.12	0.00					
本月作业产量/只		2 000.00	0.00					
本月作业产量/千克			0.00					
KG 成本								
直接材料	铝锭成本	469 966.32	0.00					
	熔铸配料	3 815.95	0.00					
	刀钻冶具	0.00	0.00					
	油漆粉底							
	精油溶剂							
	包装材料							
	材料合计	473 782.27	0.00					
直接人工	生产工资	22 748.28	0.00					
	职工福利							
	人工合计	22 748.28	0.00					

续表

16 寸轮毂毛坯		机加车间						
		5	6	7	8=6+7	9=5+8	10	11=9-10
		自制半成品领入*	机加期初余额	机加本期发生额	机加期末余额	机加核算总额	机加在产品分摊	下转涂装分摊
燃料动力	燃料费用	42 654.83	0.00					
	生产电耗	12 324.37	0.00					
	生产水耗	1 034.78	0.00					
	燃料动力合计	56 013.98	0.00					
制造费用	车间管理薪酬	2 678.56						
	设备折旧	4 886.41	0.00					
	厂房折旧	1 448.10	0.00					
	模具费用	19 637.90	0.00					
	物料消耗	6 267.15	0.00					
	维修费用	1 815.88	0.00					
	质检费用	1 584.45	0.00					
	制造费用合计	38 318.45	0.00					
成本合计		590 862.98	0.00					

业务 80-11

涂装车间产品成本分配表 A

2016 年 12 月

产品名称：铝合金轮毂　　　　　　　　　　　　　　　　　　　　　　　　　单位：元
本月投产：9 094 台　　月初在产品：520 台　　月末在产品：114 台　　本月完工：9 500 台

	14 寸轮毂	15 寸轮毂	16 寸轮毂	合　计	备　注
生产件数	3 000	4 614	2 000	9 614	
直接材料约当产量					
其他成本约当产量					
直接材料				87 396.34	直接材料按照产量计算
直接人工				54 804.24	直接人工按照约当产量计算
燃料动力				59 880.20	燃料动力按照约当产量计算
制造费用				63 198.51	制造费用按照约当产量计算
合计数					

业务 80-12

涂装车间产品成本分配表 B

2016 年 12 月

产品名称：铝合金轮毂　　　　　　　　　　　　　　　　　　　　　　　　　单位：元
本月投产：9 094 台　　月初在产品：520 台　　月末在产品：114 台　　本月完工：9 500 台

		14 寸轮毂 (3 000 件)	15 寸轮毂 (4 614 件)	16 寸轮毂 (2 000 件)	合　计
直接材料	铝锭成本	—	—	—	
	熔铸配料	—	—	—	
	刀钻冶具	—	—	—	
	油漆粉底				60 095.84
	精油溶剂				25 400.50
	包装材料				1 900.00
	材料合计				87 396.34
直接人工	生产工资				54 804.24
	职工福利				
	人工合计				54 804.24
燃料动力	燃料费用				15 694.21
	生产电耗				40 653.61
	生产水耗				3 532.38
	燃料动力合计				59 880.20
制造费用	车间管理薪酬				12 096.00
	设备折旧				18 214.11
	厂房折旧				5 349.82
	模具费用	—	—		—
	物料消耗				17 335.79
	维修费用				2 650.08
	质检费用				7 552.71
	制造费用合计				63 198.51
成本合计					265 279.29

业务 80-13

涂装车间产品成本计算单

2016 年 12 月

产品名称：14 寸铝合金轮毂　　本月投产：3 000 台　　月初在产品：0 台　　月末在产品：0 台　　本月完工：3 000 台　　单位：元

14 寸轮毂		涂装车间						
		11=9-10	12	13	14=12+13	15=11+14	16	17=15-16
		机加车间转入	涂装期初余额	涂装本期发生额	涂装期末余额	涂装核算总额	涂装在产品分摊	产成品分摊
本月核算总计								
本月作业产量/只								
本月作业产量/千克								
KG 成本								
直接材料	铝锭成本							
	熔铸配料							
	刀钻冶具							
	油漆粉底							
	精油溶剂							
	包装材料							
	材料合计							
直接人工	生产工资							
	职工福利							
	人工合计							

续表

14 寸轮毂		涂装车间						
		11=9-10	12	13	14=12+13	15=11+14	16	17=15-16
		机加车间转入	涂装期初余额	涂装本期发生额	涂装期末余额	涂装核算总额	涂装在产品分摊	产成品分摊
燃料动力	燃料费用							
	生产电耗							
	生产水耗							
	燃料动力合计							
制造费用	车间管理薪酬							
	设备折旧							
	厂房折旧							
	模具费用							
	物料消耗							
	维修费用							
	质检费用							
	制造费用合计							
成本合计								

业务 80-14

涂装车间产品成本计算单

2016 年 12 月

产品名称：15 寸铝合金轮毂　本月投产：4 094 台　月初在产品：520 台　月末在产品：114 台　本月完工：4 500 台　单位：元

15 寸轮毂		涂装车间						
		11=9-10	12	13	14=12+13	15=11+14	16	17=15-16
		机加车间转入	涂装期初余额	涂装本期发生额	涂装期末余额	涂装核算总额	涂装在产品分摊	产成品分摊
本月核算总计			112 167.95				29 517.38	
本月作业产量/只			520.00				114.00	
本月作业产量/千克			6 240.00				1 421.05	
KG 成本			17.98				20.77	
直接材料	铝锭成本		75 573.90					
	熔铸配料		942.31					
	刀钻冶具		1 001.50					
	油漆粉底		2 961.67					
	精油溶剂		1 453.44					
	包装材料							
	材料合计		81 932.82					
直接人工	生产工资		6 483.38					
	职工福利							
	人工合计		6 483.38					

续表

15 寸轮毂		涂装车间						
		11=9−10	12	13	14=12+13	15=11+14	16	17=15−16
		机加车间转入	涂装期初余额	涂装本期发生额	涂装期末余额	涂装核算总额	涂装在产品分摊	产成品分摊
燃料动力	燃料费用		9 753.30					
	生产电耗		3 586.12					
	生产水耗		485.44					
	燃料动力合计		13 824.86					
制造费用	车间管理薪酬		385.00					
	设备折旧		2 402.78					
	厂房折旧		602.93					
	模具费用		2 460.72					
	物料消耗		3 283.33					
	维修费用		773.92					
	质检费用		18.21					
	制造费用合计		9 926.89					
成本合计			112 167.95					

业务 80-15

涂装车间产品成本计算单

2016 年 12 月

产品名称：16 寸铝合金轮毂　本月投产：2000 台　月初在产品：0 台　月末在产品：0 台　本月完工：2 000 台　单位：元

16 寸轮毂		涂装车间						
		11=9−10 机加车间转入	12 涂装期初余额	13 涂装本期发生额	14=12+13 涂装期末余额	15=11+14 涂装核算总额	16 涂装在产品分摊	17=15−16 产成品分摊
本月核算总计								
本月作业产量/只								
本月作业产量/千克								
KG 成本								
直接材料	铝锭成本							
	熔铸配料							
	刀钻冶具							
	油漆粉底							
	精油溶剂							
	包装材料							
	材料合计							
直接人工	生产工资							
	职工福利							
	人工合计							

续表

16 寸轮毂		涂装车间						
		11=9-10 机加车间转入	12 涂装期初余额	13 涂装本期发生额	14=12+13 涂装期末余额	15=11+14 涂装核算总额	16 涂装在产品分摊	17=15-16 产成品分摊
燃料动力	燃料费用							
	生产电耗							
	生产水耗							
	燃料动力合计							
制造费用	车间管理薪酬							
	设备折旧							
	厂房折旧							
	模具费用							
	物料消耗							
	维修费用							
	质检费用							
	制造费用合计							
成本合计								

业务 80-16

产品入库单

入库日期：2016 年 12 月 7 日

货号	品名	规格	单位	数量	检验单号	备注
C-0921560	汽车轮毂	15 寸	只	800	JYD1612002	

第二联：财务部

验收人：杨威　　审核人：张德利　　制单人：杨威

业务 80-17

产品入库单

入库日期：2016 年 12 月 9 日

货号	品名	规格	单位	数量	检验单号	备注
C-0911665	汽车轮毂	16 寸	只	500	JYD1612003	

第二联：财务部

验收人：杨威　　审核人：张德利　　制单人：杨威

业务 80-18

产品入库单

入库日期：2016 年 12 月 10 日

货号	品名	规格	单位	数量	检验单号	备注
C-0921560	汽车轮毂	15 寸	只	500	JYD1612004	

第二联：财务部

验收人：杨威　　审核人：张德利　　制单人：杨威

业务 80-19

产品入库单

入库日期：2016 年 12 月 12 日

货号	品名	规格	单位	数量	检验单号	备注
C-0911665	汽车轮毂	16 寸	只	1 000	JYD1612005	

第二联：财务部

验收人：杨威　　审核人：张德利　　制单人：杨威

业务 80-20

产品入库单

入库日期：2016 年 12 月 14 日

货号	品名	规格	单位	数量	检验单号	备注
C-0931460	汽车轮毂	14 寸	只	300	JYD1612006	

第二联：财务部

验收人：杨威　　审核人：张德利　　制单人：杨威

业务 80-21

产品入库单

入库日期：2016 年 12 月 15 日

货号	品名	规格	单位	数量	检验单号	备注
C-0931460	汽车轮毂	14 寸	只	800	JYD1612007	

第二联：财务部

验收人：杨威　　审核人：张德利　　制单人：杨威

业务 80-22

产品入库单

入库日期：2016 年 12 月 17 日

货号	品名	规格	单位	数量	检验单号	备注
C-0921560	汽车轮毂	15 寸	只	800	JYD1612008	

第二联：财务部

验收人：杨威　　审核人：张德利　　制单人：杨威

业务 80-23

产品入库单

入库日期：2016 年 12 月 19 日

货号	品名	规格	单位	数量	检验单号	备注
C-0911665	汽车轮毂	16 寸	只	400	JYD1612009	

第二联：财务部

验收人：杨威　　审核人：张德利　　制单人：杨威

业务 80-24

产品入库单

入库日期：2016 年 12 月 21 日

货号	品名	规格	单位	数量	检验单号	备注
C-0931460	汽车轮毂	14 寸	只	800	JYD1612010	

第二联：财务部

验收人：杨威　　审核人：张德利　　制单人：杨威

业务 80-25

产品入库单

入库日期：2016 年 12 月 23 日

货号	品名	规格	单位	数量	检验单号	备注
C-0921560	汽车轮毂	15 寸	只	1 000	JYD1612011	

第二联：财务部

验收人：杨威　　审核人：张德利　　制单人：杨威

业务 80-26

产品入库单

入库日期：2016 年 12 月 25 日

货号	品名	规格	单位	数量	检验单号	备注
C-0911665	汽车轮毂	16 寸	只	400	JYD1612012	

第二联：财务部

验收人：杨威　　审核人：张德利　　制单人：杨威

业务 80-27

产品入库单

入库日期：2016 年 12 月 26 日

货号	品名	规格	单位	数量	检验单号	备注
C-0911665	汽车轮毂	16 寸	只	400	JYD1612013	

第二联：财务部

验收人：杨威　　审核人：张德利　　制单人：杨威

业务 80-28

产品入库单

入库日期：2016 年 12 月 28 日

货号	品名	规格	单位	数量	检验单号	备注
C-0921560	汽车轮毂	15 寸	只	900	JYD1612014	

第二联：财务部

验收人：杨威　　审核人：张德利　　制单人：杨威

业务 80-29

产品入库单

入库日期：2016 年 12 月 30 日

货号	品名	规格	单位	数量	检验单号	备注
C-0911665	汽车轮毂	16 寸	只	400	JYD1612015	

第二联：财务部

验收人：杨威　　审核人：张德利　　制单人：杨威

业务 81

销售成本计算表

2016 年 12 月

产品名称	月初结存			本月生产			本月合计			本月销售			月末结存		
	数量	总成本	单位成本	数量	总成本	单位成本	数量	总成本	单位成本	数量	单价	销售总成本	数量	总成本	单位成本
	1	2	3=2÷1	4	5	6=5÷4	7=1+4	8=2+5	9=8÷7	10	11=9	12=10×11	13=7−10	14=8−12	15=11
14 寸汽车轮毂															
15 寸汽车轮毂															
16 寸汽车轮毂															
合　计															

会计：________　　　　制表：________

业务82

坏账准备计算表

2016年12月31日

应收账款余额	计提比例(%)	计提后“坏账准备”账户余额	计提前“坏账准备”账户余额	应计提金额

业务83

固定资产减值准备计提表

单位：元

资产名称	数量	原值	已提折旧	已提减值准备	账面价值	预计可收回额	计提减值准备
切割成型机	1	345 800	218 800	0	127 000	79 950	47 050
合　计							47 050
减值原因	设备工艺技术落后，现已不再生产，目前该设备市场价格不到8万元。						
财务部门意见： 2016年12月31日				管理部门意见： 同意。 盛祥 2016年12月31日			

业务 84

交易性金融资产账面余额和公允价值表

2016 年 12 月 31 日

交易性金融资产项目	调整前账面余额	期末公允价值	公允价值变动损益	调整后账面余额
合　计				

业务 86

持有至到期投资摊销表

2016 年 12 月

年份	年初摊余成本(1)	实际利息(2)=(1)×实际利率	应收利息(3)=面值×票面利率	利息调整摊销(4)=(2)−(3)中应计利息	年末摊余成本(5)=(1)+(2)−(3)
2014					
2015					
2016					
2017					
合计					

业务 87

业务 89-1

增值税纳税申报表

(适用于增值税一般纳税人)

根据《中华人民共和国增值税暂行条例》第二十二条和第二十三条的规定制定本表。纳税人不论有无销售额，均应按主管税务机关的纳税期限按期填报本表，并于次月一日起十日内，向当地税务机关申报。

税款所属时间：自 2016 年 12 月 01 日至 2016 年 12 月 31 日

填表日期：2016 年 12 月 31 日　　　　金额单位：元至角分

纳税人识别号			所属行业			
纳税人名称	(公章)	法定代表人姓名		注册地址		营业地址	
开户银行及账号		企业登记注册类型				电话号码	

	项　目	栏　次	一般货物及劳务		即征即退货物及劳务	
			本月数	本年累计	本月数	本年累计
销售额	(一)按适用税率征税货物及劳务销售额	1				
	其中：应税货物销售额	2				
	应税劳务销售额	3				
	纳税检查调整的销售额	4				
	(二)按简易征收办法征税货物销售额	5				
	其中：纳税检查调整的销售额	6				
	(三)免、抵、退办法出口货物销售额	7			—	—
	(四)免税货物及劳务销售额	8			—	—
	其中：免税货物销售额	9			—	—
	免税劳务销售额	10			—	—
税额计算	销项税额	11				
	进项税额	12				
	上期留抵税额	13		—		—
	进项税额转出	14				
	免抵退货物应退税额	15			—	—
	按适用税率计算的纳税检查应补缴税额	16			—	—
	应抵扣税额合计	17=12+13-14-15+16		—		—
	实际抵扣税额	18(如 17<11，则为 17，否则为 11)				
	应纳税额	19=11-18				
	期末留抵税额	20=17-18		—		—
	简易征收办法计算的应纳税额	21				
	按简易征收办法计算的纳税检查应补缴税额	22			—	—
	应纳税额减征额	23				
	应纳税额合计	24=19+21-23				
税款缴纳	期初未缴税额(多缴为负数)	25				
	实收出口开具专用缴款书退税额	26			—	—
	本期已缴税项	27=28+29+30+31				
	①分次预缴税额	28		—		—
	②出口开具专用缴款书缴税额	29		—	—	—
	③本期缴纳上期应纳税额	30				
	④本期缴纳欠缴税额	31				
	期末未缴税额(多缴未负数)	32=24+25+26-27				
	其中：欠税税额(≥0)	33=25+26-27		—		—
	本期应补(退)税额	34=24-28-29		—		—
	即征即退实际退税额	35	—	—		
	期初未缴查补税额	36			—	—
	本期入库查补税额	37			—	—
	期末未缴查补税额	38=16+22+36-37			—	—

授权声明	如果你已授权委托代理人申报，请填写下列资料： 为代理一切税务事宜，现授权____________ (地址)____________为本纳税人的代理人，任何与本申报表有关的往来文件，都可寄予此人。 授权人签名：	申报人声明	此纳税申报表是根据《中华人民共和国增值税暂行条例》的规定填报，我相信它是真实的、可靠的、完整的。 声明人签字：

以下由税务机关填写：

收到日期：　　　　接收人：　　　　主管税务机关盖章：

业务 89-2

增值税纳税申报表附列资料(表一)

(本期销售情况明细)

纳税人名称：(公章)　　填表日期：　年　月　日　　税款所属时间：　年　月　日　　金额单位：元至角分

一、按适用税率征收增值税货物及劳务的销售额和销项税额明细													
项　目	栏　次	应税货物						应税劳务			小　计		
		17%税率			13%税率								
		份数	销售额	销项税	份数	销售额	销项税	份数	销售额	销项税	份数	销售额	销项税
防伪税控系统开具的增值税专用发票	1												
非防伪税控系统开具的增值税专用发票	2												
开具普通发票	3												
未开具普通发票	4	—			—			—			—		
小　计	5=1+2+3+4	—			—			—			—		
纳税检查调整	6	—			—			—			—		
合　计	7	—			—			—			—		

续表

二、简易征收办法征收增值税货物的销售额和应纳税额明细

项目	栏次	6%征收率			4%征收率			小计		
		份数	销售额	销项税	份数	销售额	销项税	份数	销售额	销项税
防伪税控系统开具的增值税专用发票	8									
非防伪税控系统开具的增值税专用发票	9									
开具普通发票	10									
未开具普通发票	11	—			—			—		
小计	12=8+9+10+11	—			—			—		
纳税检查调整	13	—			—			—		
合计	14	—			—			—		

三、免征增值税货物及劳务销售额明细

项目	栏次	免税货物			免税劳务			小计		
		份数	销售额	销项税	份数	销售额	销项税	份数	销售额	销项税
防伪税控系统开具的增值税专用	15				—	—	—			
开具普通发票	16			—			—			—
未开具普通发票	17	—		—	—		—	—		—
合计	18=15+16+17	—			—		—	—		

业务 89-3

增值税纳税申报表附列资料(表二)

(本期进项税额明细)

税款所属时间： 年 月 日

纳税人名称：(公章)

填表日期： 年 月 日 金额单位：元至角分

一、申报抵扣的进项税				
项目	栏次	份数	金额	税额
(一)认证相符的防伪税控增值税专用发票	1			
其中：本期认证相符且本期申报抵扣	2			
前期认证相符且本期申报抵扣	3			
(二)非防伪税控增值税专用发票及其他扣税凭证	4			
其中：17%税率	5			
13%税率或扣除率	6			
10%扣除率	7			
7%征收率	8			
6%征收率	9			
4%征收率	10			
(三)期初已征税款	11	—	—	
当期申报抵扣进项税合计	12			

二、进项税额转出额				
项目	栏次	份数	金额	税额
本期进项税转出额	13			
其中：免税货物用	14			
非应税项目用	15			
非正常损失	16			
按简易征收办法征税货物用	17			
免抵退税办法出口货物不得抵扣进项税额	18			
纳税检查调减进项税额	19			
未经认证已抵扣的进项税额	20			
	21			

续表

三、待抵扣进项税额				
项目	栏次	份数	金额	税额
(一)认证相符的防伪税控增值税专用发票	22	—	—	—
期初已认证相符但未申报抵扣	23			
本期认证相符且本期未申报抵扣	24			
期末已认证相符但未申报抵扣	25			
其中：按照税法规定不允许抵扣	26			
(二)非防伪税控增值税专用发票及其他扣税凭证	27			
其中：17%税率	28			
13%税率或扣除率	29			
10%扣除率	30			
7%征收率	31			
6%征收率	32			
4%征收率	33			
	34			

项目	栏次	份数	金额	税额
本期认证相符的全部防伪税控增值税专用发票	35			
期初已征税款挂账额	36	—	—	
期初已征税款余额	37	—	—	
代扣代缴税额	38	—	—	

注：第 1 栏=第 2 栏+第 3 栏=第 23 栏+第 35 栏-第 25 栏；第 2 栏=第 35 栏-第 24 栏；第 3 栏=第 23 栏+第 24 栏-第 25 栏；第 4 栏等于第 5 栏至第 10 栏之和。

业务 90

城建税、教育费附加、地方教育费计算表

应交税费项目	税率/%	应交税费金额
本月应交增值税额		
本月应交城建税额	7	
本月应交教育费附加	3	

业务 94-1

中华人民共和国企业所得税月(季)度预缴纳税申报表
(A 类，2015 年版)

税款所属期间：　　年　月　日至　　年　月　日

纳税人识别号：□□□□□□□□□□□□□□□□□□

纳税人名称：　　　　　　　　　　　　　　　　　　金额单位：人民币元(列至角分)

行次	项　目	本期金额	累计金额
1	一、按照实际利润额预缴		
2	营业收入		
3	营业成本		
4	利润总额		
5	加：特定业务计算的应纳税所得额		
6	减：不征税收入和税基减免应纳税所得额(请填附表 1)		
7	固定资产加速折旧(扣除)调减额(请填附表 2)		
8	弥补以前年度亏损		
9	实际利润额(4 行+5 行−6 行−7 行−8 行)		
10	税率(25%)		
11	应纳所得税额(9 行×10 行)		
12	减：减免所得税额(请填附表 3)		
13	实际已预缴所得税额	—	
14	特定业务预缴(征)所得税额		
15	应补(退)所得税额(11 行−12 行−13 行−14 行)	—	
16	减：以前年度多缴在本期抵缴所得税额		
17	本月(季)实际应补(退)所得税额	—	
18	二、按照上一纳税年度应纳税所得额平均额预缴		
19	上一纳税年度应纳税所得额	—	
20	本月(季)应纳税所得额(19 行×1/4 或 1/12)		
21	税率(25%)		
22	本月(季)应纳所得税额(20 行×21 行)		
23	减：减免所得税额(请填附表 3)		
24	本月(季)实际应纳所得税额(22 行−23 行)		

续表

<table>
<tr><td>25</td><td colspan="2">三、按照税务机关确定的其他方法预缴</td><td></td><td></td></tr>
<tr><td>26</td><td colspan="2">本月(季)税务机关确定的预缴所得税额</td><td></td><td></td></tr>
<tr><td>27</td><td colspan="2">总分机构纳税人</td><td></td><td></td></tr>
<tr><td>28</td><td rowspan="4">总机构</td><td>总机构分摊所得税额(15 行或 24 行或 26 行×总机构分摊预缴比例)</td><td></td><td></td></tr>
<tr><td>29</td><td>财政集中分配所得税额</td><td></td><td></td></tr>
<tr><td>30</td><td>分支机构分摊所得税额(15 行或 24 行或 26 行×分支机构分摊比例)</td><td></td><td></td></tr>
<tr><td>31</td><td>其中：总机构独立生产经营部门应分摊所得税额</td><td></td><td></td></tr>
<tr><td>32</td><td rowspan="2">分支机构</td><td>分配比例</td><td></td><td></td></tr>
<tr><td>33</td><td>分配所得税额</td><td></td><td></td></tr>
<tr><td colspan="2">是否属于小型微利企业：</td><td>是□</td><td colspan="2">否□</td></tr>
<tr><td colspan="5">谨声明：此纳税申报表是根据《中华人民共和国企业所得税法》《中华人民共和国企业所得税法实施条例》和国家有关税收规定填报的，是真实的、可靠的、完整的。

法定代表人(签字)：　　　　年　　月　　日</td></tr>
<tr><td colspan="2">纳税人公章：
会计主管：
填表日期：　　年　月　日</td><td>代理申报中介机构公章：
经办人：
经办人执业证件号码：
代理申报日期：　　年　月　日</td><td colspan="2">主管税务机关受理专用章：
受理人：
受理日期：　　年　月　日</td></tr>
</table>

国家税务总局监制

业务 94-2

中华人民共和国企业所得税年度纳税申报表(A 类)

行次	类别	项　　目	金　　额
1	利润总额计算	一、营业收入(填写 A101010\101020\103000)	
2		减：营业成本(填写 A102010\102020\103000)	
3		营业税金及附加	
4		销售费用(填写 A104000)	
5		管理费用(填写 A104000)	
6		财务费用(填写 A104000)	
7		资产减值损失	
8		加：公允价值变动收益	
9		投资收益	
10		二、营业利润(1-2-3-4-5-6-7+8+9)	
11		加：营业外收入(填写 A101010\101020\103000)	
12		减：营业外支出(填写 A102010\102020\103000)	
13		三、利润总额(10+11-12)	
14	应纳税所得额计算	减：境外所得(填写 A108010)	
15		加：纳税调整增加额(填写 A105000)	
16		减：纳税调整减少额(填写 A105000)	
17		减：免税、减计收入及加计扣除(填写 A107010)	
18		加：境外应税所得抵减境内亏损(填写 A108000)	
19		四、纳税调整后所得(13-14+15-16-17+18)	
20		减：所得减免(填写 A107020)	
21		减：抵扣应纳税所得额(填写 A107030)	
22		减：弥补以前年度亏损(填写 A106000)	
23		五、应纳税所得额(19-20-21-22)	
24	应纳税额计算	税率(25%)	
25		六、应纳所得税额(23×24)	
26		减：减免所得税额(填写 A107040)	
27		减：抵免所得税额(填写 A107050)	
28		七、应纳税额(25-26-27)	

续表

行次	类别	项　　目	金　额
9	应纳税额计算	加：境外所得应纳所得税额(填写 A108000)	
30		减：境外所得抵免所得税额(填写 A108000)	
31		八、实际应纳所得税额(28+29-30)	
32		减：本年累计实际已预缴的所得税额	
33		九、本年应补(退)所得税额(31-32)	
34		其中：总机构分摊本年应补(退)所得税额(填写 A109000)	
35		财政集中分配本年应补(退)所得税额(填写 A109000)	
36		总机构主体生产经营部门分摊本年应补(退)所得税额(填写 A109000)	
37	附列资料	以前年度多缴的所得税额在本年抵减额	
38		以前年度应缴未缴在本年入库所得税额	

业务 95

资产、负债账面价值与计税基础比较表

2016 年 12 月 31 日

项　目	账面余额	累计折旧	减值准备	账面价值	计税基础	暂时性差异	
						应纳税暂时性差异	可抵扣暂时性差异
交易性金融资产							
存货							
固定资产							
合　计							

业务 97

公积金提取及分配表

项　目	提取 / 分配基数	提取 / 分配比例	合　计
提取法定盈余公积			
提取任意盈余公积			
向投资者分配利润			
合　计			

业务 98

利润及利润分配余额表

账户名称	借方金额	贷方金额	结账金额
本年利润			
利润分配——法定盈余公积			
利润分配——任意盈余公积			
利润分配——应付利润			
合　计			

业务 99

科目汇总表

第　　号　　附件共　　张

年　　月　　日至　　月　　日

会计科目	总	借方金额										贷方金额										会计科目	总	借方金额										贷方金额									
	页	千	百	十	万	千	百	十	元	角	分	千	百	十	万	千	百	十	元	角	分		页	千	百	十	万	千	百	十	元	角	分	千	百	十	万	千	百	十	元	角	分

会计　　记账　　复核　　制表

第四部分　空白支票、报表

上海金锐铝业有限公司空白支票如图 4-1～图 4-20 所示。

中国工商银行
现金支票存根
No.10203710

附加信息

出票日期　　年　月　日

收款人：

金　额：

用　途：

单位主管　　　会计

付款期限自出票之日起十天

中国工商银行　现金支票(沪)　　No.10203710

出票日期(大写)　　　年　月　日　付款行名称：

收款人：　　　出票人账号：

人民币（大写）	亿	千	百	十	万	千	百	十	元	角	分

用途________　　密码________

上列款项请从

我账户内支付

出票人签章　　　复核　　　记账

图 4-1　现金支票(1)

中国工商银行
现金支票存根
No.10203711

附加信息

出票日期　　年　月　日

收款人：

金　额：

用　途：

单位主管　　　会计

付款期限自出票之日起十天

中国工商银行　现金支票(沪)　　No.10203711

出票日期(大写)　　　年　月　日　付款行名称：

收款人：　　　出票人账号：

人民币（大写）	亿	千	百	十	万	千	百	十	元	角	分

用途________　　密码________

上列款项请从

我账户内支付

出票人签章　　　复核　　　记账

图 4-2　现金支票(2)

中国工商银行
转账支票存根
No. 10205521

附加信息

出票日期　　年　月　日

收款人：
金　额：
用　途：

单位主管　　会计

中国工商银行　转账支票(沪)　　No.10205521

付款期限自出票之日起十天

出票日期(大写)　　年　月　日　付款行名称：

收款人：　出票人账号：

人民币（大写）	亿	千	百	十	万	千	百	十	元	角	分

用途＿＿＿＿＿＿　密码＿＿＿＿＿＿

上列款项请从　行号＿＿＿＿＿＿

我账户内支付

出票人签章　复核　记账

图 4-3　转账支票(1)

中国工商银行
转账支票存根
No. 10205522

附加信息

出票日期　　年　月　日

收款人：
金　额：
用　途：

单位主管　　会计

中国工商银行　转账支票(沪)　　No. 10205522

付款期限自出票之日起十天

出票日期(大写)　　年　月　日　付款行名称：

收款人：　出票人账号：

人民币（大写）	亿	千	百	十	万	千	百	十	元	角	分

用途＿＿＿＿＿＿　密码＿＿＿＿＿＿

上列款项请从　行号＿＿＿＿＿＿

我账户内支付

出票人签章　复核　记账

图 4-4　转账支票(2)

中国工商银行
转账支票存根
No. 10205523

附加信息

出票日期　　年　月　日

收款人：
金　额：
用　途：

单位主管　　　会计

中国工商银行　转账支票(沪)　　No. 10205523

出票日期(大写)　　年　月　日　付款行名称：

付款期限自出票之日起十天

收款人：　出票人账号：

人民币（大写）	亿	千	百	十	万	千	百	十	元	角	分

用途　　密码
上列款项请从　　行号
我账户内支付
出票人签章　　复核　　记账

图 4-5　转账支票(3)

中国工商银行
转账支票存根
No. 10205524

附加信息

出票日期　　年　月　日

收款人：
金　额：
用　途：

单位主管　　　会计

中国工商银行　转账支票(沪)　　No.10205524

出票日期(大写)　　年　月　日　付款行名称：

付款期限自出票之日起十天

收款人：　出票人账号：

人民币（大写）	亿	千	百	十	万	千	百	十	元	角	分

用途　　密码
上列款项请从　　行号
我账户内支付
出票人签章　　复核　　记账

图 4-6　转账支票(4)

中国工商银行
转账支票存根
No. 10205525
附加信息
出票日期　年　月　日
收款人：
金　额：
用　途：
单位主管　　会计

中国工商银行　转账支票(沪)　No. 10205525

出票日期(大写)　年　月　日　付款行名称：
付款期限自出票之日起十天
收款人：　出票人账号：

人 民 币 (大写)		亿	千	百	十	万	千	百	十	元	角	分

用途＿＿＿＿＿＿　密码＿＿＿＿＿＿
上列款项请从　行号＿＿＿＿＿＿
我账户内支付
出票人签章　复核　记账

图 4-7　转账支票(5)

中国工商银行
转账支票存根
No. 10205526
附加信息
出票日期　年　月　日
收款人：
金　额：
用　途：
单位主管　　会计

中国工商银行　转账支票(沪)　No. 10205526

出票日期(大写)　年　月　日　付款行名称：
付款期限自出票之日起十天
收款人：　出票人账号：

人 民 币 (大写)		亿	千	百	十	万	千	百	十	元	角	分

用途＿＿＿＿＿＿　密码＿＿＿＿＿＿
上列款项请从　行号＿＿＿＿＿＿
我账户内支付
出票人签章　复核　记账

图 4-8　转账支票(6)

中国工商银行
转账支票存根
No. 10205527
附加信息
出票日期 年 月 日
收款人：
金 额：
用 途：
单位主管 会计

中国工商银行 转账支票(沪) No.10205527

出票日期(大写) 年 月 日 付款行名称：
收款人： 出票人账号：

付款期限自出票之日起十天

人民币(大写)	亿	千	百	十	万	千	百	十	元	角	分

用途 密码
上列款项请从 行号
我账户内支付
出票人签章 复核 记账

图 4-9 转账支票(7)

中国工商银行
转账支票存根
No. 10205528
附加信息
出票日期 年 月 日
收款人：
金 额：
用 途：
单位主管 会计

中国工商银行 转账支票(沪) No. 10205528

出票日期(大写) 年 月 日 付款行名称：
收款人： 出票人账号：

付款期限自出票之日起十天

人民币(大写)	亿	千	百	十	万	千	百	十	元	角	分

用途 密码
上列款项请从 行号
我账户内支付
出票人签章 复核 记账

图 4-10 转账支票(8)

中国工商银行
转账支票存根
No. 10205529
附加信息

出票日期　年　月　日
收款人：
金　额：
用　途：
单位主管　会计

中国工商银行 转账支票(沪)　No. 10205529

付款期限自出票之日起十天

出票日期(大写)　年　月　日　付款行名称：
收款人：　出票人账号：

人 民 币 (大写)	亿	千	百	十	万	千	百	十	元	角	分

用途＿＿＿＿＿＿　密码＿＿＿＿＿＿
上列款项请从　行号＿＿＿＿＿＿
我账户内支付
出票人签章　复核　记账

图 4-11　转账支票(9)

中国工商银行
转账支票存根
No. 10205530
附加信息

出票日期　年　月　日
收款人：
金　额：
用　途：
单位主管　会计

中国工商银行 转账支票(沪)　No.10205530

付款期限自出票之日起十天

出票日期(大写)　年　月　日　付款行名称：
收款人：　出票人账号：

人 民 币 (大写)	亿	千	百	十	万	千	百	十	元	角	分

用途＿＿＿＿＿＿　密码＿＿＿＿＿＿
上列款项请从　行号＿＿＿＿＿＿
我账户内支付
出票人签章　复核　记账

图 4-12　转账支票(10)

中国工商银行
转账支票存根
No. 10205531
附加信息

出票日期　　年　月　日
收款人：
金　额：
用　途：
单位主管　　　会计

付款期限自出票之日起十天

中国工商银行 转账支票(沪)　　No. 10205531

出票日期(大写)　　年　月　日　付款行名称：
收款人：　出票人账号：

人民币(大写)	亿	千	百	十	万	千	百	十	元	角	分

用途＿＿＿＿　密码＿＿＿＿
上列款项请从　行号＿＿＿＿
我账户内支付
出票人签章　复核　记账

图 4-13　转账支票(11)

中国工商银行
转账支票存根
No. 10205532
附加信息

出票日期　　年　月　日
收款人：
金　额：
用　途：
单位主管　　　会计

付款期限自出票之日起十天

中国工商银行 转账支票(沪)　　No. 10205532

出票日期(大写)　　年　月　日　付款行名称：
收款人：　出票人账号：

人民币(大写)	亿	千	百	十	万	千	百	十	元	角	分

用途＿＿＿＿　密码＿＿＿＿
上列款项请从　行号＿＿＿＿
我账户内支付
出票人签章　复核　记账

图 4-14　转账支票(12)

中国工商银行
转账支票存根
No. 10205533

附加信息

出票日期　　年　月　日

收款人：

金　额：

用　途：

单位主管　　　会计

中国工商银行　转账支票(沪)　　No.10205533

出票日期(大写)　　年　月　日　付款行名称：

付款期限自出票之日起十天

收款人：　　出票人账号：

人 民 币（大写）	亿	千	百	十	万	千	百	十	元	角	分

用途　　　　密码

上列款项请从　　　　行号

我账户内支付

出票人签章　　　　复核　　记账

图 4-15　转账支票(13)

中国工商银行
转账支票存根
No. 10205534

附加信息

出票日期　　年　月　日

收款人：

金　额：

用　途：

单位主管　　　会计

中国工商银行　转账支票(沪)　　No. 10205534

出票日期(大写)　　年　月　日　付款行名称：

付款期限自出票之日起十天

收款人：　　出票人账号：

人 民 币（大写）	亿	千	百	十	万	千	百	十	元	角	分

用途　　　　密码

上列款项请从　　　　行号

我账户内支付

出票人签章　　　　复核　　记账

图 4-16　转账支票(14)

中国工商银行

转账支票存根

No. 10205535

附加信息

出票日期　　年　月　日

收款人：

金　额：

用　途：

单位主管　　　会计

付款期限自出票之日起十天

中国工商银行 转账支票(沪)　　No. 10205535

出票日期(大写)　　　年　月　日　付款行名称：

收款人：　　　　　　　　　　　　　出票人账号：

人民币（大写）	亿	千	百	十	万	千	百	十	元	角	分

用途__________　　密码__________

上列款项请从　　　　行号__________

我账户内支付

出票人签章　　　　　　复核　　　记账

图 4-17　转账支票(15)

中国工商银行

转账支票存根

No. 10205536

附加信息

出票日期　　年　月　日

收款人：

金　额：

用　途：

单位主管　　　会计

付款期限自出票之日起十天

中国工商银行 转账支票(沪)　　No.10205536

出票日期(大写)　　　年　月　日　付款行名称：

收款人：　　　　　　　　　　　　　出票人账号：

人民币（大写）	亿	千	百	十	万	千	百	十	元	角	分

用途__________　　密码__________

上列款项请从　　　　行号__________

我账户内支付

出票人签章　　　　　　复核　　　记账

图 4-18　转账支票(16)

中国工商银行
转账支票存根
No. 10205537
附加信息

出票日期　　年　月　日
收款人：
金　额：
用　途：
单位主管　　　会计

付款期限自出票之日起十天

中国工商银行 转账支票(沪)　　No. 10205537

出票日期(大写)　　　年　月　日　付款行名称：
收款人：　　　　　　　　　　　　出票人账号：

人 民 币（大写）	亿	千	百	十	万	千	百	十	元	角	分

用途　　　　　　　　密码
上列款项请从　　　　行号
我账户内支付
出票人签章　　　　　复核　　　记账

图 4-19　转账支票(17)

中国工商银行
转账支票存根
No. 10205538
附加信息

出票日期　　年　月　日
收款人：
金　额：
用　途：
单位主管　　　会计

付款期限自出票之日起十天

中国工商银行 转账支票(沪)　　No. 10205538

出票日期(大写)　　　年　月　日　付款行名称：
收款人：　　　　　　　　　　　　出票人账号：

人 民 币（大写）	亿	千	百	十	万	千	百	十	元	角	分

用途　　　　　　　　密码
上列款项请从　　　　行号
我账户内支付
出票人签章　　　　　复核　　　记账

图 4-20　转账支票(18)

上海金锐铝业有限公司利润表和资产负债表如表 4-1 和表 4-2 所示。

表4-1　利 润 表

会企 02 表

编制单位：　　　　　　　　　　　　　年　　　　　　　　　　　　金额单位：元

项　目	本年累计数	上年累计数
一、营业收入		
减：营业成本		
税金及附加		
销售费用		
管理费用		
研发费用		
财务费用		
其中：利息费用		
利息收入		
资产减值损失		
加：其他收益		
投资收益(损失以“-”填列)		
其中：对联营企业和合营企业的投资收益		
公允价值变动收益(损失以“-”填列)		
资产处置收益(损失以“-”填列)		
二、营业利润(亏损以“-”填列)		
加：营业外收入		
减：营业外支出		
三、利润总额(亏损以“-”填列)		
减：所得税费用		
四、净利润(亏损以“-”填列)		
(一)持续经营净利润(亏损以“-”填列)		
(二)终止经营净利润(亏损以“-”填列)		
五、其他综合收益的税后净额		
(一)以后不能重分类进损益的其他综合收益		
1. 重新计量设定受益计划变动额		
2. 权益法下不能转损益的其他综合收益		
(二)将重分类进损益的其他综合收益		
1. 权益法下可转损益的其他综合收益		
2. 可供出售金融资产公允价值变动损益		
3. 持有至到期投资重分类为可供出售金融资产损益		
4. 现金流量套期损益的有效部分		
5. 外币财务报表折算差额		
六、综合收益总额		
七、每股收益		
(一)基本每股收益		
(二)稀释每股收益		

表 4-2 资产负债表

会企 01 表

编制单位：上海金锐铝业有限公司 2016 年 12 月 31 日 单位：元

资 产	期末余额	年初余额	负债和所有者权益(或股东权益)	期末余额	年初余额
流动资产：			流动负债：		
货币资金			短期借款		
交易性金融资产			以公允价值计量且其变动计入当期损益的金融负债		
衍生金融资产			衍生金融负债		
应收票据及应收账款			应付票据及应付账款		
预付账款			预收账款		
其他应收款			应付职工薪酬		
存货			应交税费		
持有待售资产			其他应付款		
一年内到期的非流动资产			持有待售负债		
其他流动资产			一年内到期的非流动负债		
流动资产合计			其他流动负债		
非流动资产：			流动负债合计		
可供出售金融资产			非流动负债：		
持有至到期投资			长期借款		
长期应收款			应付债券		
长期股权投资			其中：优先股		
投资性房地产			永续债		
固定资产			长期应付款		
在建工程			预计负债		
生产性生物资产			递延收益		
油气资产			递延所得税负债		
无形资产			其他非流动负债		
开发支出			非流动负债合计		
商誉			负债合计		
长摊待摊费用			所有者权益(或股东权益)：		
递延所得税资产			实收资本(或股本)		

续表

资 产	期末余额	年初余额	负债和所有者权益(或股东权益)	期末余额	年初余额
其他非流动资产			其他权益工具		
非流动资产合计			其中：优先股		
			永续债		
			资本公积		
			其他综合收益		
			盈余公积		
			未分配利润		
			所有者权益(或股东权益)合计		
资产总计			负债和所有者权益(或股东权益)合计		

附　　录

附录一　《会计档案管理办法》

第一条　为了加强会计档案管理，有效保护和利用会计档案，根据《中华人民共和国会计法》《中华人民共和国档案法》等有关法律和行政法规，制定本办法。

第二条　国家机关、社会团体、企业、事业单位和其他组织(以下统称单位)管理会计档案适用本办法。

第三条　本办法所称会计档案是指单位在进行会计核算等过程中接收或形成的，记录和反映单位经济业务事项的，具有保存价值的文字、图表等各种形式的会计资料，包括通过计算机等电子设备形成、传输和存储的电子会计档案。

第四条　财政部和国家档案局主管全国会计档案工作，共同制定全国统一的会计档案工作制度，对全国会计档案工作实行监督和指导。

县级以上地方人民政府财政部门和档案行政管理部门管理本行政区域内的会计档案工作，并对本行政区域内会计档案工作实行监督和指导。

第五条　单位应当加强会计档案管理工作，建立和完善会计档案的收集、整理、保管、利用和鉴定销毁等管理制度，采取可靠的安全防护技术和措施，保证会计档案的真实、完整、可用、安全。

单位的档案机构或者档案工作人员所属机构(以下统称单位档案管理机构)负责管理本单位的会计档案。单位也可以委托具备档案管理条件的机构代为管理会计档案。

第六条　下列会计资料应当进行归档。

(一)会计凭证，包括原始凭证、记账凭证。

(二)会计账簿，包括总账、明细账、日记账、固定资产卡片及其他辅助性账簿。

(三)财务会计报告，包括月度、季度、半年度、年度财务会计报告。

(四)其他会计资料，包括银行存款余额调节表、银行对账单、纳税申报表、会计档案移交清册、会计档案保管清册、会计档案销毁清册、会计档案鉴定意见书及其他具有保存价值的会计资料。

第七条　单位可以利用计算机、网络通信等信息技术手段管理会计档案。

第八条　同时满足下列条件的，单位内部形成的属于归档范围的电子会计资料可仅以电子形式保存，形成电子会计档案。

(一)形成的电子会计资料来源真实有效，由计算机等电子设备形成和传输。

(二)使用的会计核算系统能够准确、完整、有效接收和读取电子会计资料，能够输出符合国家标准归档格式的会计凭证、会计账簿、财务会计报表等会计资料，设定了经办、审核、审批等必要的审签程序。

(三)使用的电子档案管理系统能够有效接收、管理、利用电子会计档案，符合电子档案的长期保管要求，并建立了电子会计档案与相关联的其他纸质会计档案的检索关系。

(四)采取有效措施，防止电子会计档案被篡改。

(五)建立电子会计档案备份制度，能够有效防范自然灾害、意外事故和人为破坏的影响。

(六)形成的电子会计资料不属于具有永久保存价值或者其他重要保存价值的会计档案。

第九条　满足本办法第八条规定条件，单位从外部接收的电子会计资料附有符合《中华人民共和国电子签名法》规定的电子签名的，可仅以电子形式归档保存，形成电子会计档案。

第十条　单位的会计机构或会计人员所属机构(以下统称单位会计管理机构)按照归档范围和归档要求，负责定期将应当归档的会计资料整理立卷，编制会计档案保管清册。

第十一条　当年形成的会计档案，在会计年度终了后，可由单位会计管理机构临时保管一年，再移交单位档案管理机构保管。因工作需要确需推迟移交的，应当经单位档案管理机构同意。

单位会计管理机构临时保管会计档案最长不超过三年。临时保管期间，会计档案的保管应当符合国家档案管理的有关规定，且出纳人员不得兼管会计档案。

第十二条　单位会计管理机构在办理会计档案移交时，应当编制会计档案移交清册，并按照国家档案管理的有关规定办理移交手续。

纸质会计档案移交时应当保持原卷的封装。电子会计档案移交时应当将电子会计档案及其元数据一并移交，且文件格式应当符合国家档案管理的有关规定。特殊格式的电子会计档案应当与其读取平台一并移交。

单位档案管理机构接收电子会计档案时，应当对电子会计档案的准确性、完整性、可用性、安全性进行检测，符合要求的才能接收。

第十三条　单位应当严格按照相关制度利用会计档案，在进行会计档案查阅、复制、借出时履行登记手续，严禁篡改和损坏。

单位保存的会计档案一般不得对外借出。确因工作需要且根据国家有关规定必须借出的，应当严格按照规定办理相关手续。

会计档案借用单位应当妥善保管和利用借入的会计档案，确保借入会计档案的安全完整，并在规定时间内归还。

第十四条　会计档案的保管期限分为永久、定期两类。定期保管期限一般分为10年和30年。

会计档案的保管期限，从会计年度终了后的第一天算起。

第十五条　各类会计档案的保管期限原则上应当按照本办法附表执行，本办法规定的会计档案保管期限为最低保管期限。

单位会计档案的具体名称如有同本办法附表所列档案名称不相符的，应当比照类似档案的保管期限办理。

第十六条　单位应当定期对已到保管期限的会计档案进行鉴定，并形成会计档案鉴定意见书。经鉴定，仍需继续保存的会计档案，应当重新划定保管期限；对保管期满，确无保存价值的会计档案，可以销毁。

第十七条　会计档案鉴定工作应当由单位档案管理机构牵头，组织单位会计、审计、纪检监察等机构或人员共同进行。

第十八条　经鉴定可以销毁的会计档案，应当按照以下程序销毁。

(一)单位档案管理机构编制会计档案销毁清册，列明拟销毁会计档案的名称、卷号、册数、起止年度、档案编号、应保管期限、已保管期限和销毁时间等内容。

(二)单位负责人、档案管理机构负责人、会计管理机构负责人、档案管理机构经办人、会计管理机构经办人在会计档案销毁清册上签署意见。

(三)单位档案管理机构负责组织会计档案销毁工作，并与会计管理机构共同派员监销。监销人在会计档案销毁前，应当按照会计档案销毁清册所列内容进行清点核对；在会计档案销毁后，应当在会计档案销毁清册上签名或盖章。

电子会计档案的销毁还应当符合国家有关电子档案的规定，并由单位档案管理机构、会计管理机构和信息系统管理机构共同派员监销。

第十九条　保管期满但未结清的债权债务会计凭证和涉及其他未了事项的会计凭证不得销毁，纸质会计档案应当单独抽出立卷，电子会计档案单独转存，保管到未了事项完结时为止。

单独抽出立卷或转存的会计档案，应当在会计档案鉴定意见书、会计档案销毁清册和会计档案保管清册中列明。

第二十条　单位因撤销、解散、破产或其他原因而终止的，在终止或办理注销登记手续之前形成的会计档案，按照国家档案管理的有关规定处置。

第二十一条　单位分立后原单位存续的，其会计档案应当由分立后的存续方统一保管，其他方可以查阅、复制与其业务相关的会计档案。

单位分立后原单位解散的，其会计档案应当经各方协商后由其中一方代管或按照国家档案管理的有关规定处置，各方可以查阅、复制与其业务相关的会计档案。

单位分立中未结清的会计事项所涉及的会计凭证，应当单独抽出由业务相关方保存，并按照规定办理交接手续。

单位因业务移交其他单位办理所涉及的会计档案，应当由原单位保管，承接业务单位可以查阅、复制与其业务相关的会计档案。对其中未结清的会计事项所涉及的会计凭证，应当单独抽出由承接业务单位保存，并按照规定办理交接手续。

第二十二条　单位合并后原各单位解散或者一方存续其他方解散的，原各单位的会计档案应当由合并后的单位统一保管。单位合并后原各单位仍存续的，其会计档案仍应当由原各单位保管。

第二十三条　建设单位在项目建设期间形成的会计档案，需要移交给建设项目接受单位的，应当在办理竣工财务决算后及时移交，按照规定办理交接手续。

第二十四条　单位之间交接会计档案时，交接双方应当办理会计档案交接手续。

移交会计档案的单位，应当编制会计档案移交清册，列明应当移交的会计档案名称、卷号、册数、起止年度、档案编号、应保管期限和已保管期限等内容。

交接会计档案时，交接双方应当按照会计档案移交清册所列内容逐项交接，并由交接双方的单位有关负责人负责监督。交接完毕后，交接双方经办人和监督人应当在会计档案移交清册上签名或盖章。

电子会计档案应当与其元数据一并移交，特殊格式的电子会计档案应当与其读取平台一并移交。档案接受单位应当对保存电子会计档案的载体及其技术环境进行检验，确保所接收电子会计档案的准确、完整、可用和安全。

第二十五条　单位的会计档案及其复制件需要携带、寄运或者传输至境外的，应当按照国家有关规定执行。

第二十六条　单位委托中介机构代理记账的，应当在签订的书面委托合同中，明确会计档案的管理要求及相应责任。

第二十七条　违反本办法规定的单位和个人，由县级以上人民政府财政部门、档案行政管理部门依据《中华人民共和国会计法》《中华人民共和国档案法》等法律法规处理处罚。

第二十八条　预算、计划、制度等文件材料，应当执行文书档案管理规定，不适用本办法。

第二十九条　不具备设立档案机构或配备档案工作人员条件的单位和依法建账的个体工商户，其会计档案的收集、整理、保管、利用和鉴定销毁等参照本办法执行。

第三十条　各省、自治区、直辖市、计划单列市人民政府财政部门、档案行政管理部门，新疆生产建设兵团财务局、档案局，国务院各业务主管部门，中国人民解放军总后勤部，可以根据本办法制定具体实施办法。

第三十一条　本办法由财政部、国家档案局负责解释，自 2016 年 1 月 1 日起施行。1998 年 8 月 21 日财政部、国家档案局发布的《会计档案管理办法》(财会字〔1998〕32 号)同时废止。

附表：

1. 企业和其他组织会计档案保管期限表。

2. 财政总预算、行政单位、事业单位和税收会计档案保管期限表。

附表 1　企业和其他组织会计档案保管期限表

序号	档案名称	保管期限	备　注
一	会计凭证		
1	原始凭证	30 年	
2	记账凭证	30 年	
二	会计账簿		
3	总账	30 年	
4	明细账	30 年	
5	日记账	30 年	
6	固定资产卡片		固定资产报废清理后保管 5 年
7	其他辅助性账簿	30 年	
三	财务会计报告		
8	月度、季度、半年度财务会计报告	10 年	
9	年度财务会计报告	永久	
四	其他会计资料		
10	银行存款余额调节表	10 年	
11	银行对账单	10 年	
12	纳税申报表	10 年	
13	会计档案移交清册	30 年	
14	会计档案保管清册	永久	
15	会计档案销毁清册	永久	
16	会计档案鉴定意见书	永久	

附表 2　财政总预算、行政单位、事业单位和税收会计档案保管期限表

序号	档案名称	保管期限			备　注
		财政总预算	行政单位事业单位	税收会计	
一	会计凭证				
1	国家金库编送的各种报表及缴库退库凭证	10 年		10 年	
2	各收入机关编送的报表	10 年			
3	行政单位和事业单位的各种会计凭证		30 年		包括：原始凭证、记账凭证和传票汇总表

续表

序号	档案名称	保管期限			备　注
		财政总预算	行政单位事业单位	税收会计	
4	财政总预算拨款凭证和其他会计凭证	30年			包括：拨款凭证和其他会计凭证
二	会计账簿				
5	日记账		30年	30年	
6	总账	30年	30年	30年	
7	税收日记账(总账)			30年	
8	明细分类、分户账或登记簿	30年	30年	30年	
9	行政单位和事业单位固定资产卡片				固定资产报废清理后保管5年
三	财务会计报告				
10	政府综合财务报告	永久			下级财政、本级部门和单位报送的保管2年
11	部门财务报告		永久		所属单位报送的保管2年
12	财政总决算	永久			下级财政、本级部门和单位报送的保管2年
13	部门决算		永久		所属单位报送的保管2年
14	税收年报(决算)			永久	
15	国家金库年报(决算)	10年			
16	基本建设拨、贷款年报(决算)	10年			
17	行政单位和事业单位会计月、季度报表		10年		所属单位报送的保管2年
18	税收会计报表			10年	所属税务机关报送的保管2年
四	其他会计资料				
19	银行存款余额调节表	10年	10年		
20	银行对账单	10年	10年	10年	
21	会计档案移交清册	30年	30年	30年	
22	会计档案保管清册	永久	永久	永久	
23	会计档案销毁清册	永久	永久	永久	
24	会计档案鉴定意见书	永久	永久	永久	

注：税务机关的税务经费会计档案保管期限，按行政单位会计档案保管期限规定办理。

附录二 《会计基础工作规范》

第一章 总 则

第一条 为了加强会计基础工作，建立规范的会计工作秩序，提高会计工作水平，根据《中华人民共和国会计法》的有关规定，制定本规范。

第二条 国家机关、社会团体、企业、事业单位、个体工商户和其他组织的会计基础工作，应当符合本规范的规定。

第三条 各单位应当依据有关法律、法规和本规范的规定，加强会计基础工作，严格执行会计法规制度，保证会计工作依法有序地进行。

第四条 单位领导人对本单位的会计基础工作负有领导责任。

第五条 各省、自治区、直辖市财政厅(局)要加强对会计基础工作的管理和指导，通过政策引导、经验交流、监督检查等措施，促进基层单位加强会计基础工作，不断提高会计工作水平。

国务院各业务主管部门根据职责权限管理本部门的会计基础工作。

第二章 会计机构和会计人员

第一节 会计机构设置和会计人员配备

第六条 各单位应当根据会计业务的需要设置会计机构；不具备单独设置会计机构条件的，应当在有关机构中配备专职会计人员。

事业行政单位会计机构的设置和会计人员的配备，应当符合国家统一事业行政单位会计制度的规定。

设置会计机构，应当配备会计机构负责人；在有关机构中配备专职会计人员，应当在专职会计人员中指定会计主管人员。

会计机构负责人、会计主管人员的任免，应当符合《中华人民共和国会计法》和有关法律的规定。

第七条 会计机构负责人、会计主管人员应当具备下列基本条件。

(一)坚持原则，廉洁奉公。

(二)具有会计专业技术资格。

(三)主管一个单位或者单位内一个重要方面的财务会计工作时间不少于两年。

(四)熟悉国家财经法律、法规、规章和方针、政策，掌握本行业业务管理的有关知识。

(五)有较强的组织能力。

(六)身体状况能够适应本职工作的要求。

第八条 没有设置会计机构和配备会计人员的单位，应当根据《代理记账管理暂行办法》委托会计师事务所或者持有代理记账许可证书的其他代理记账机构进行代理记账。

第九条　大、中型企业、事业单位、业务主管部门应当根据法律和国家有关规定设置总会计师。总会计师由具有会计师以上专业技术资格的人员担任。

总会计师行使《总会计师条例》规定的职责、权限。

总会计师的任命(聘任)、免职(解聘)依照《总会计师条例》和有关法律的规定办理。

第十条　各单位应当根据会计业务需要配备持有会计证的会计人员。未取得会计证的人员，不得从事会计工作。

第十一条　各单位应当根据会计业务需要设置会计工作岗位。

会计工作岗位一般可分为：会计机构负责人或者会计主管人员，出纳，财产物资核算，工资核算，成本费用核算，财务成果核算，资金核算，往来结算，总账报表，稽核，档案管理等。开展会计电算化和管理会计的单位，可以根据需要设置相应工作岗位，也可以与其他工作岗位相结合。

第十二条　会计工作岗位，可以一人一岗、一人多岗或者一岗多人。但出纳人员不得兼管稽核、会计档案保管和收入、费用、债权债务账目的登记工作。

第十三条　会计人员的工作岗位应当有计划地进行轮换。

第十四条　会计人员应当具备必要的专业知识和专业技能，熟悉国家有关法律、法规、规章和国家统一会计制度，遵守职业道德。

会计人员应当按照国家有关规定参加会计业务的培训。各单位应当合理安排会计人员的培训，保证会计人员每年有一定时间用于学习和参加培训。

第十五条　各单位领导人应当支持会计机构、会计人员依法行使职权；对忠于职守坚持原则，做出显著成绩的会计机构、会计人员，应当给予精神的和物质的奖励。

第十六条　国家机关、国有企业、事业单位任用会计人员应当实行回避制度。

单位领导人的直系亲属不得担任本单位的会计机构负责人、会计主管人员。会计机构负责人、会计主管人员的直系亲属不得在本单位会计机构中担任出纳工作。

需要回避的直系亲属为：夫妻关系、直系血亲关系、三代以内旁系血亲以及配偶亲关系。

第二节　会计人员职业道德

第十七条　会计人员在会计工作中应当遵守职业道德，树立良好的职业品质、严谨的工作作风，严守工作纪律，努力提高工作效率和工作质量。

第十八条　会计人员应当热爱本职工作，努力钻研业务，使自己的知识和技能适应所从事工作的要求。

第十九条　会计人员应当熟悉财经法律、法规、规章和国家统一会计制度，并结合会计工作进行广泛宣传。

第二十条　会计人员应当按照会计法律、法规和国家统一会计制度规定的程序和要求进行会计工作，保证所提供的会计信息合法、真实、准确、及时、完整。

第二十一条　会计人员办理会计事务应当实事求是、客观公正。

第二十二条　会计人员应当熟悉本单位的生产经营和业务管理情况，运用掌握的会计信息和会计方法，为改善单位内部管理、提高经济效益服务。

第二十三条　会计人员应当保守本单位的商业秘密。除法律规定和单位领导人同意外，不能私自向外界提供或者泄露单位的会计信息。

第二十四条　财政部门、业务主管部门和各单位应当定期检查会计人员遵守职业道德的情况，并作为会计人员晋升、晋级、聘任专业职务、表彰奖励的重要考核依据。

会计人员违反职业道德的，由所在单位进行处罚；情节严重的，由会计证发证机关吊销其会计证。

第三节　会计工作交接

第二十五条　会计人员工作调动或者因故离职，必须将本人所经管的会计工作全部移交给接替人员。没有办清交接手续的，不得调动或者离职。

第二十六条　接替人员应当认真接管移交工作，并继续办理移交的未了事项。

第二十七条　会计人员办理移交手续前，必须及时做好以下工作。

(一)已经受理的经济业务尚未填制会计凭证的，应当填制完毕。

(二)尚未登记的账目，应当登记完毕，并在最后一笔余额后加盖经办人员印章。

(三)整理应该移交的各项资料，对未了事项写出书面材料。

(四)编制移交清册，列明应当移交的会计凭证、会计账簿、会计报表、印章、现金、有价证券、支票簿、发票、文件、其他会计资料和物品等内容；实行会计电算化的单位，从事该项工作的移交人员还应当在移交清册中列明会计软件及密码、会计软件数据磁盘(磁带等)及有关资料、实物等内容。

第二十八条　会计人员办理交接手续，必须有监交人负责监交。一般会计人员交接，由单位会计机构负责人、会计主管人员负责监交；会计机构负责人、会计主管人员交接，由单位领导人负责监交，必要时可由上级主管部门派人会同监交。

第二十九条　移交人员在办理移交时，要按移交清册逐项移交；接替人员要逐项核对点收。

(一)现金、有价证券要根据会计账簿有关记录进行点交。库存现金、有价证券必须与会计账簿记录保持一致。不一致时，移交人员必须限期查清。

(二)会计凭证、会计账簿、会计报表和其他会计资料必须完整无缺。如有短缺，必须查清原因，并在移交清册中注明，由移交人员负责。

(三)银行存款账户余额要与银行对账单核对，如不一致，应当编制银行存款余额调节表调节相符，各种财产物资和债权债务的明细账户余额要与总账有关账户余额核对相符；必要时，要抽查个别账户的余额，与实物核对相符，或者与往来单位、个人核对清楚。

(四)移交人员经管的票据、印章和其他实物等，必须交接清楚；移交人员从事会计电算化工作的，要对有关电子数据在实际操作状态下进行交接。

第三十条　会计机构负责人、会计主管人员移交时，还必须将全部财务会计工作、重大财务收支和会计人员的情况等，向接替人员详细介绍。对需要移交的遗留问题，应当写出书面材料。

第三十一条　交接完毕后，交接双方和监交人员要在移交注册上签名或者盖章。并应在移交注册上注明：单位名称，交接日期，交接双方和监交人员的职务、姓名，移交清册页数以及需要说明的问题和意见等。

移交清册一般应当填制一式三份，交接双方各执一份，存档一份。

第三十二条　接替人员应当继续使用移交的会计账簿，不得自行另立新账，以保持会计记录的连续性。

第三十三条　会计人员临时离职或者因病不能工作且需要接替或者代理的，会计机构负责人、会计主管人员或者单位领导人必须指定有关人员接替或者代理，并办理交接手续。

临时离职或者因病不能工作的会计人员恢复工作的，应当与接替或者代理人员办理交接手续。

移交人员因病或者其他特殊原因不能亲自办理移交的，经单位领导人批准，可由移交人员委托他人代办移交，但委托人应当承担本规范第三十五条规定的责任。

第三十四条　单位撤销时，必须留有必要的会计人员，会同有关人员办理清理工作，编制决算。未移交前，不得离职。接收单位和移交日期由主管部门确定。

单位合并、分立的，其会计工作交接手续比照上述有关规定办理。

第三十五条　移交人员对所移交的会计凭证、会计账簿、会计报表和其他有关资料的合法性、真实性承担法律责任。

第三章　会 计 核 算

第一节　会计核算一般要求

第三十六条　各单位应当按照《中华人民共和国会计法》和国家统一会计制度的规定建立会计账册，进行会计核算，及时提供合法、真实、准确、完整的会计信息。

第三十七条　各单位发生的下列事项，应当及时办理会计手续、进行会计核算。

(一)款项和有价证券的收付。

(二)财物的收发、增减和使用。

(三)债权债务的发生和结算。

(四)资本、基金的增减。

(五)收入、支出、费用、成本的计算。

(六)财务成果的计算和处理。

(七)其他需要办理会计手续、进行会计核算的事项。

第三十八条　各单位的会计核算应当以实际发生的经济业务为依据，按照规定的会计处理方法进行，保证会计指标的口径一致、相互可比和会计处理方法的前后各期相一致。

第三十九条　会计年度自公历1月1日起至12月31日止。

第四十条　会计核算以人民币为记账本位币。

收支业务以外国货币为主的单位，也可以选定某种外国货币作为记账本位币，但是编制的会计报表应当折算为人民币反映。

境外单位向国内有关部门编报的会计报表，应当折算为人民币反映。

第四十一条　各单位根据国家统一会计制度的要求，在不影响会计核算要求、会计报表指标汇总和对外统一会计报表的前提下，可以根据实际情况自行设置和使用会计科目。

事业行政单位会计科目的设置和使用，应当符合国家统一事业行政单位会计制度的规定。

第四十二条　会计凭证、会计账簿、会计报表和其他会计资料的内容和要求必须符合国家统一会计制度的规定，不得伪造、变造会计凭证和会计账簿，不得设置账外账，不得报送虚假会计报表。

第四十三条　各单位对外报送的会计报表格式由财政部统一规定。

第四十四条　实行会计电算化的单位，对使用的会计软件及其生成的会计凭证、会计账簿、会计报表和其他会计资料的要求，应当符合财政部关于会计电算化的有关规定。

第四十五条　各单位的会计凭证、会计账簿、会计报表和其他会计资料，应当建立档案，妥善保管。会计档案建档要求、保管期限、销毁办法等依据《会计档案管理办法》的规定进行。

实行会计电算化的单位，有关电子数据、会计软件资料等应当作为会计档案进行管理。

第四十六条　会计记录的文字应当使用中文，少数民族自治地区可以同时使用少数民族文字。中国境内的外商投资企业、外国企业和其他外国经济组织也可以同时使用某种外国文字。

第二节　填制会计凭证

第四十七条　各单位办理本规范第三十七条规定的事项，必须取得或者填制原始凭证，并及时送交会计机构。

第四十八条　原始凭证的基本要求如下。

(一)原始凭证的内容必须具备：凭证的名称；填制凭证的日期；填制凭证单位名称或者填制人姓名；经办人员的签名或者盖章；接受凭证单位名称；经济业务内容；数量、单价和金额。

(二)从外单位取得的原始凭证，必须盖有填制单位的公章；从个人取得的原始凭证，必须有填制人员的签名或者盖章。自制原始凭证必须有经办单位领导人或者其指定的人员签名或者盖章。对外开出的原始凭证，必须加盖本单位公章。

(三)凡填有大写和小写金额的原始凭证，大写与小写金额必须相符。购买实物的原始凭证，必须有验收证明。支付款项的原始凭证，必须有收款单位和收款人的收款证明。

(四)一式几联的原始凭证，应当注明各联的用途，只能以一联作为报销凭证。

一式几联的发票和收据，必须用双面复写纸(发票和收据本身具备复写纸功能的除外)套写，并连续编号。作废时应当加盖“作废”戳记，连同存根一起保存，不得撕毁。

(五)发生销货退回的，除填制退货发票外，还必须有退货验收证明；退款时，必须取得对方的收款收据或者汇款银行的凭证，不得以退货发票代替收据。

(六)职工公出借款凭据，必须附在记账凭证之后。收回借款时，应当另开收据或者退还借据副本，不得退还原借款收据。

(七)经上级有关部门批准的经济业务，应当将批准文件作为原始凭证附件。如果批准文件需要单独归档的，应当在凭证上注明批准机关名称、日期和文件字号。

第四十九条　原始凭证不得涂改、挖补。发现原始凭证有错误的，应当由开出单位重开或者更正，更正处应当加盖开出单位的公章。

第五十条　会计机构、会计人员要根据审核无误的原始凭证填制记账凭证。

记账凭证可以分为收款凭证、付款凭证和转账凭证，也可以使用通用记账凭证。

第五十一条　记账凭证的基本要求如下。

(一)记账凭证的内容必须具备：填制凭证的日期；凭证编号；经济业务摘要；会计科目；金额；所附原始凭证张数；填制凭证人员、稽核人员、记账人员、会计机构负责人、会计主管人员签名或者盖章。收款和付款记账凭证还应当由出纳人员签名或者盖章。

以自制的原始凭证或者原始凭证汇总表代替记账凭证的，也必须具备记账凭证应有的项目。

(二)填制记账凭证时，应当对记账凭证进行连续编号。一笔经济业务需要填制两张以上记账凭证的，可以采用分数编号法编号。

(三)记账凭证可以根据每一张原始凭证填制，或者根据若干张同类原始凭证汇总填制，也可以根据原始凭证汇总表填制。但不得将不同内容和类别的原始凭证汇总填制在一张记账凭证上。

(四)除结账和更正错误的记账凭证可以不附原始凭证外，其他记账凭证必须附有原始凭证。如果一张原始凭证涉及几张记账凭证，可以把原始凭证附在一张主要的记账凭证后面，并在其他记账凭证上注明附有该原始凭证的记账凭证的编号或者附原始凭证复印件。

一张原始凭证所列支出需要几个单位共同负担的，应当将其他单位负担的部分，开给对方原始凭证分割单，进行结算。原始凭证分割单必须具备原始凭证的基本内容：凭证名称、填制凭证日期、填制凭证单位名称或者填制人姓名、经办人的签名或者盖章、接受凭证单位名称、经济业务内容、数量、单价、金额和费用分摊情况等。

(五)如果在填制记账凭证时发生错误，应当重新填制。

已经登记入账的记账凭证，在当年内发现填写错误时，可以用红字填写一张与原内容相同的记账凭证，在摘要栏注明“注销某月某日某号凭证”字样，同时再用蓝字重新填制一张正确的记账凭证，注明“订正某月某日某号凭证”字样。如果会计科目没有错误，只是金额错误，也可以将正确数字与错误数字之间的差额，另编一张调整的记账凭证，调增金额用蓝字，调减金额用红字。发现以前年度记账凭证有错误的，应当用蓝字填制一张更正的记账凭证。

(六)记账凭证填制完经济业务事项后，如有空行，应当自“金额”栏最后一笔金额数字下的空行处至合计数上的空行处划线注销。

第五十二条　填制会计凭证，字迹必须清晰、工整，并符合下列要求。

(一)阿拉伯数字应当一个一个地写，不得连笔写。阿拉伯金额数字前面应当书写货币币种符号或者货币名称简写和币种符号。币种符号与阿拉伯金额数字之间不得留有空白。凡阿拉伯数字前写有币种符号的，数字后面不再写货币单位。

(二)所有以元为单位(其他货币种类为货币基本单位，下同)的阿拉伯数字，除表示单价等情况外，一律填写到角分；无角分的，角位和分位可写“00”，或者符号“—”；有角无分的，分位应当写“0”，不得用符号“—”代替。

(三)汉字大写数字金额如零、壹、贰、叁、肆、伍、陆、柒、捌、玖、拾、佰、仟、万、亿等，一律用正楷或者行书体书写，不得用0、一、二、三、四、五、六、七、八、九、十等简化字代替，不得任意自造简化字。大写金额数字到元或者角为止的，在“元”或者“角”字之后应当写“整”字或者“正”字；大写金额数字有分的，分字后面不写“整”或者“正”字。

(四)大写金额数字前未印有货币名称的，应当加填货币名称，货币名称与金额数字之间不得留有空白。

(五)阿拉伯金额数字中间有“0”时，汉字大写金额要写“零”字；阿拉伯数字金额中间连续有几个“0”时，汉字大写金额中可以只写一个“零”字；阿拉伯金额数字元位是“0”，或者数字中间连续有几个“0”、元位也是“0”但角位不是“0”时，汉字大写金额可以只写一个“零”字，也可以不写“零”字。

第五十三条　实行会计电算化的单位，对于机制记账凭证，要认真审核，做到会计科目使用正确，数字准确无误。打印出的机制记账凭证要加盖制单人员、审核人员、记账人员及会计机构负责人、会计主管人员印章或者签字。

第五十四条　各单位会计凭证的传递程序应当科学、合理，具体办法由各单位根据会计业务需要自行规定。

第五十五条　会计机构、会计人员要妥善保管会计凭证。

(一)会计凭证应当及时传递，不得积压。

(二)会计凭证登记完毕后，应当按照分类和编号顺序保管，不得散乱丢失。

(三)记账凭证应当连同所附的原始凭证或者原始凭证汇总表，按照编号顺序，折叠整齐，按期装订成册，并加具封面，注明单位名称、年度、月份和起讫日期、凭证种类、起讫号码，由装订人在装订线封签外签名或者盖章。

对于数量过多的原始凭证，可以单独装订保管，在封面上注明记账凭证日期、编号、种类，同时在记账凭证上注明“附件另订”和原始凭证名称及编号。

各种经济合同、存出保证金收据以及涉外文件等重要原始凭证，应当另编目录，单独登记保管，并在有关的记账凭证和原始凭证上相互注明日期和编号。

(四)原始凭证不得外借，其他单位如因特殊原因需要使用原始凭证时，经本单位会计机构负责人、会计主管人员批准，可以复制。向外单位提供的原始凭证复制件，应当在专设的登记簿上登记，并由提供人员和收取人员共同签名或者盖章。

(五)从外单位取得的原始凭证如有遗失，应当取得原开出单位盖有公章的证明，并注明原来凭证的号码、金额和内容等，由经办单位会计机构负责人、会计主管人员和单位领导人批准后，才能代作原始凭证。如果确实无法取得证明的，如火车、轮船、飞机票等凭证，由当事人写出详细情况，由经办单位会计机构负责人、会计主管人员和单位领导人批准后，代作原始凭证。

第三节　登记会计账簿

第五十六条　各单位应当按照国家统一会计制度的规定和会计业务的需要设置会计账簿。会计账簿包括总账、明细账、日记账和其他辅助性账簿。

第五十七条　现金日记账和银行存款日记账必须采用订本式账簿。不得用银行对账单或者其他方法代替日记账。

第五十八条　实行会计电算化的单位，用计算机打印的会计账簿必须连续编号，经审核无误后装订成册，并由记账人员和会计机构负责人、会计主管人员签字或者盖章。

第五十九条　启用会计账簿时，应当在账簿封面上写明单位名称和账簿名称。在账簿扉页上应当附启用表，内容包括：启用日期、账簿页数、记账人员和会计机构负责人、会计主管人员姓名，并加盖名章和单位公章。记账人员或者会计机构负责人、会计主管人员调动工作时，应当注明交接日期、接办人员或者监交人员姓名，并由交接双方人员签名或者盖章。

启用订本式账簿，应当从第一页到最后一页顺序编定页数，不得跳页、缺号。使用活页式账页，应当按账户顺序编号，并须定期装订成册。装订后再按实际使用的账页顺序编定页码。另加目录，记明每个账户的名称和页次。

第六十条　会计人员应当根据审核无误的会计凭证登记会计账簿。登记账簿的基本要求如下。

(一)登记会计账簿时，应当将会计凭证日期、编号、业务内容摘要、金额和其他有关资料逐项记入账内，做到数字准确、摘要清楚、登记及时、字迹工整。

(二)登记完毕后，要在记账凭证上签名或者盖章，并注明已经登账的符号，表示已经记账。

(三)账簿中书写的文字和数字上面要留有适当空格，不要写满格；一般应占格距的二分之一。

(四)登记账簿要用蓝黑墨水或者碳素墨水书写，不得使用圆珠笔(银行的复写账簿除外)或者铅笔书写。

(五)下列情况，可以用红色墨水记账。

1. 按照红字冲账的记账凭证，冲销错误记录。

2. 在不设借贷等栏的多栏式账页中，登记减少数。

3. 在三栏式账户的余额栏前，如未印明余额方向的，在余额栏内登记负数余额。

4. 根据国家统一会计制度的规定可以用红字登记的其他会计记录。

(六)各种账簿按页次顺序连续登记，不得跳行、隔页。如果发生跳行、隔页，应当将空行、空页划线注销，或者注明“此行空白”“此页空白”字样，并由记账人员签名或者盖章。

(七)凡需要结出余额的账户，结出余额后，应当在“借或贷”等栏内写明“借”或者“贷”等字样。没有余额的账户，应当在“借或贷”等栏内写“平”字，并在余额栏内用“θ”表示。

现金日记账和银行存款日记账必须逐日结出余额。

(八)每一账页登记完毕结转下页时，应当结出本页合计数及余额，写在本页最后一行和下页第一行有关栏内，并在摘要栏内注明“过次页”和“承前页”字样；也可以将本页合计数及金额只写在下页第一行有关栏内，并在摘要栏内注明“承前页”字样。

对需要结计本月发生额的账户，结计“过次页”的本页合计数应当为自本月初起至本页末止的发生额合计数；对需要结计本年累计发生额的账户，结计“过次页”的本页合计数应当为自年初起至本页末止的累计数；对既不需要结计本月发生额也不需要结计本年累计发生额的账户，可以只将每页末的余额结转次页。

第六十一条　实行会计电算化的单位，总账和明细账应当定期打印。

发生收款和付款业务的，在输入收款凭证和付款凭证的当天必须打印出现金日记账和银行存款日记账，并与库存现金核对无误。

第六十二条　账簿记录发生错误，不准涂改、挖补、刮擦或者用药水消除字迹，不准重新抄写，必须按照下列方法进行更正。

(一)登记账簿时发生错误，应当将错误的文字或者数字划红线注销，但必须使原有字迹仍可辨认；然后在划线上方填写正确的文字或者数字，并由记账人员在更正处盖章。对于错误的数字，应当全部划红线更正，不得只更正其中的错误数字。对于文字错误，可只划去错误的部分。

(二)由于记账凭证错误而使账簿记录发生错误，应当按更正的记账凭证登记账簿。

第六十三条　各单位应当定期对会计账簿记录的有关数字与库存实物、货币资金、有价证券、往来单位或者个人等进行相互核对，保证账证相符、账账相符、账实相符。对账工作每年至少进行一次。

(一)账证核对。核对会计账簿记录与原始凭证、记账凭证的时间、凭证字号、内容、金额是否一致，记账方向是否相符。

(二)账账核对。核对不同会计账簿之间的账簿记录是否相符，包括：总账有关账户的余额核对，总账与明细账核对，总账与日记账核对，会计部门的财产物资明细账与财产物资保管和使用部门的有关明细账核对等。

(三)账实核对。核对会计账簿记录与财产等实有数额是否相符，包括：现金日记账账面余额与现金实际库存数相核对；银行存款日记账账面余额定期与银行对账单相核对；各种财物明细账账面余额与财物实存数额相核对；各种应收、应付款明细账账面余额与有关债务、债权单位或者个人核对等。

第六十四条　各单位应当按照规定定期结账。

(一)结账前，必须将本期内所发生的各项经济业务全部登记入账。

(二)结账时，应当结出每个账户的期末余额。需要结出当月发生额的，应当在摘要栏内注明“本月合计”字样，并在下面通栏划单红线。需要结出本年累计发生额的，应当在摘要栏内注明“本年累计”字样，并在下面通栏划单红线；12 月末的“本年累计”就是全年累计发生额。全年累计发生额下面应当通栏划双红线。年度终了结账时，所有总账账户都应当结出全年发生额和年末余额。

(三)年度终了，要把各账户的余额结转到下一会计年度，并在摘要栏注明“结转下年”字样；在下一会计年度新建有关会计账簿的第一行余额栏内填写上年结转的余额，并在摘要栏注明“上年结转”字样。

第四节　编制财务报告

第六十五条　各单位必须按照国家统一会计制度的规定，定期编制财务报告。

财务报告包括会计报表及其说明。会计报表包括会计报表主表、会计报表附表、会计报表附注。

第六十六条　各单位对外报送的财务报告应当根据国家统一会计制度规定的格式和要求编制。

单位内部使用的财务报告，其格式和要求由各单位自行规定。

第六十七条　会计报表应当根据登记完整、核对无误的会计账簿记录和其他有关资料编制，做到数字真实、计算准确、内容完整、说明清楚。

任何人不得篡改或者授意、指使、强令他人篡改会计报表的有关数字。

第六十八条　会计报表之间、会计报表各项目之间，凡有对应关系的数字，应当相互一致。本期会计报表与上期会计报表之间有关的数字应当相互衔接。如果不同会计年度会计报表中各项目的内容和核算方法有变更的，应当在年度会计报表中加以说明。

第六十九条　各单位应当按照国家统一会计制度的规定认真编写会计报表附注及其说明，做到项目齐全，内容完整。

第七十条　各单位应当按照国家规定的期限对外报送财务报告。

对外报送的财务报告，应当依次编写页码，加具封面，装订成册，加盖公章。封面上应当注明：单位名称，单位地址，财务报告所属年度、季度、月度，送出日期，并由单位领导人、总会计师、会计机构负责人、会计主管人员签名或者盖章。

单位领导人对财务报告的合法性、真实性负法律责任。

第七十一条　根据法律和国家有关规定应当对财务报告进行审计的，财务报告编制单位应当先行委托注册会计师进行审计，并将注册会计师出具的审计报告随同财务报告按照规定的期限报送有关部门。

第七十二条　如果发现对外报送的财务报告有错误，应当及时办理更正手续。除更正本单位留存的财务报告外，并应同时通知接受财务报告的单位更正。错误较多的，应当重新编报。

第四章　会 计 监 督

第七十三条　各单位的会计机构、会计人员对本单位的经济活动进行会计监督。

第七十四条　会计机构、会计人员进行会计监督的依据如下。

(一)财经法律、法规、规章。

(二)会计法律、法规和国家统一会计制度。

(三)各省、自治区、直辖市财政厅(局)和国务院业务主管部门根据《中华人民共和国会计法》和国家统一会计制度制定的具体实施办法或者补充规定。

(四)各单位根据《中华人民共和国会计法》和国家统一会计制度制定的单位内部会计管理制度。

(五)各单位内部的预算、财务计划、经济计划、业务计划等。

第七十五条　会计机构、会计人员应当对原始凭证进行审核和监督。

对不真实、不合法的原始凭证，不予受理。对弄虚作假、严重违法的原始凭证，在不予受理的同时，应当予以扣留，并及时向单位领导人报告，请求查明原因，追究当事人的责任。

对记载不准确、不完整的原始凭证，予以退回，要求经办人员更正、补充。

第七十六条　会计机构、会计人员对伪造、变造、故意毁灭会计账簿或者账外设账行为，应当制止和纠正；制止和纠正无效的，应当向上级主管单位报告，请求做出处理。

第七十七条　会计机构、会计人员应当对实物、款项进行监督，督促建立并严格执行财产清查制度。发现账簿记录与实物、款项不符时，应当按照国家有关规定进行处理。超出会计机构、会计人员职权范围的，应当立即向本单位领导报告，请求查明原因，做出处理。

第七十八条　会计机构、会计人员对指使、强令编造、篡改财务报告行为，应当制止和纠正；制止和纠正无效的，应当向上级主管单位报告，请求处理。

第七十九条　会计机构、会计人员应当对财务收支进行监督。

(一)对审批手续不全的财务收支，应当退回，要求补充、更正。

(二)对违反规定不纳入单位统一会计核算的财务收支，应当制止和纠正。

(三)对违反国家统一的财政、财务、会计制度规定的财务收支，不予办理。

(四)对认为是违反国家统一的财政、财务、会计制度规定的财务收支，应当制止和纠正；制止和纠正无效的，应当向单位领导人提出书面意见请求处理。

单位领导人应当在接到书面意见起十日内做出书面决定，并对决定承担责任。

(五)对违反国家统一的财政、财务、会计制度规定的财务收支，不予制止和纠正，又不向单位领导人提出书面意见的，也应当承担责任。

(六)对严重违反国家利益和社会公众利益的财务收支，应当向主管单位或者财政、审计、税务机关报告。

第八十条　会计机构、会计人员对违反单位内部会计管理制度的经济活动，应当制止和纠正；制止和纠正无效的，向单位领导人报告，请求处理。

第八十一条　会计机构、会计人员应当对单位制定的预算、财务计划、经济计划、业务计划的执行情况进行监督。

第八十二条　各单位必须依照法律和国家有关规定接受财政、审计、税务等机关的监督，如实提供会计凭证、会计账簿、会计报表和其他会计资料以及有关情况、不得拒绝、隐匿、谎报。

第八十三条　按照法律规定应当委托注册会计师进行审计的单位，应当委托注册会计师进行审计，并配合注册会计师的工作，如实提供会计凭证、会计账簿、会计报表和其他会计资料以及有关情况，不得拒绝、隐匿、谎报，不得示意注册会计师出具不当的审计报告。

第五章　内部会计管理制度

第八十四条　各单位应当根据《中华人民共和国会计法》和国家统一会计制度的规定，结合单位类型和内容管理的需要，建立健全相应的内部会计管理制度。

第八十五条　各单位制定内部会计管理制度应当遵循下列原则。

(一)应当执行法律、法规和国家统一的财务会计制度。

(二)应当体现本单位的生产经营、业务管理的特点和要求。

(三)应当全面规范本单位的各项会计工作，建立健全会计基础，保证会计工作的有序进行。

(四)应当科学、合理，便于操作和执行。

(五)应当定期检查执行情况。

(六)应当根据管理需要和执行中的问题不断完善。

第八十六条　各单位应当建立内部会计管理体系。主要内容包括：单位领导人、总会计师对会计工作的领导职责；会计部门及其会计机构负责人、会计主管人员的职责、权限；会计部门与其他职能部门的关系；会计核算的组织形式等。

第八十七条　各单位应当建立会计人员岗位责任制度。主要内容包括：会计人员的工作岗位设置；各会计工作岗位的职责和标准；各会计工作岗位的人员和具体分工；会计工作岗位轮换办法；对各会计工作岗位的考核办法。

第八十八条　各单位应当建立账务处理程序制度。主要内容包括：会计科目及其明细科目的设置和使用；会计凭证的格式、审核要求和传递程序；会计核算方法；会计账簿的设置；编制会计报表的种类和要求；单位会计指标体系。

第八十九条　各单位应当建立内部牵制制度。主要内容包括：内部牵制制度的原则；组织分工；出纳岗位的职责和限制条件；有关岗位的职责和权限。

第九十条　各单位应当建立稽核制度。主要内容包括：稽核工作的组织形式和具体分工；稽核工作的职责、权限；审核会计凭证和复核会计账簿、会计报表的方法。

第九十一条　各单位应当建立原始记录管理制度。主要内容包括：原始记录的内容和填制方法；原始记录的格式；原始记录的审核；原始记录填制人的责任；原始记录签署、传递、汇集要求。

第九十二条　各单位应当建立定额管理制度。主要内容包括：定额管理的范围；制定和修订定额的依据、程序和方法；定额的执行；定额考核和奖惩办法等。

第九十三条　各单位应当建立计量验收制度。主要内容包括：计量检测手段和方法；计量验收管理的要求；计量验收人员的责任和奖惩办法。

第九十四条　各单位应当建立财产清查制度。主要内容包括：财产清查的范围；财产清查的组织；财产清查的期限和方法；对财产清查中发现问题的处理办法；对财产管理人员的奖惩办法。

第九十五条　各单位应当建立财务收支审批制度。主要内容包括：财务收支审批人员和审批权限；财务收支审批程序；财务收支审批人员的责任。

第九十六条　实行成本核算的单位应当建立成本核算制度。主要内容包括：成本核算的对象；成本核算的方法和程序；成本分析等。

第九十七条　各单位应当建立财务会计分析制度。主要内容包括：财务会计分析的主要内容；财务会计分析的基本要求和组织程序；财务会计分析的具体方法；财务会计分析报告的编写要求等。

第六章　附　　则

第九十八条　本规范所称国家统一会计制度，是指由财政部制定，或者财政部与国务院有关部门联合制定，或者经财政部审核批准的在全国范围内统一执行的会计规章、准则、办法等规范性文件。

本规范所称会计主管人员，是指不设置会计机构、只在其他机构中设置专职会计人员的单位行使会计机构负责人职权的人员。

本规范第三章第二节和第三节关于填制会计凭证、登记会计账簿的规定，除特别指出外，一般适用于手工记账。实行会计电算化的单位，填制会计凭证和登记会计账簿的有关要求，应当符合财政部关于会计电算化的有关规定。

第九十九条　各省、自治区、直辖市财政厅(局)、国务院各业务主管部门可以根据本规范的原则，结合本地区、本部门的具体情况，制定具体实施办法，报财政部备案。

第一百条　本规范由财政部负责解释、修改。

第一百零一条　本规范自公布之日起实施。1984 年 4 月 24 日财政部发布的《会计人员工作规则》同时废止。

参 考 文 献

[1] 中华人民共和国财政部. 企业会计准则[M]. 北京：经济科学出版社，2006.

[2] 中华人民共和国财政部. 企业会计准则——应用指南[M]. 北京：中国财政经济出版社，2006.

[3] 励景源，周杏芳，孙华. 会计模拟实习[M]. 5 版. 上海：立信会计出版社，2010.

[4] 朱学义，等. 会计实务训练与考核[M]. 3 版. 北京：机械工业出版社，2011.

[5] 佟贺，等. 会计操作实务教程[M]. 北京：北京大学出版社，2013.

[6] 王蕾，王文华，陈淑贤. 基础会计学[M]. 北京：清华大学出版社，2013.

[7] 张维宾，姚津. 新编会计模拟实习——工业企业分册[M]. 5 版. 上海：立信会计出版社，2011.

[8] 会计凭证装订方法图解，http://jingyan. baidu. com/article/4b52d7026c22e9fc5c774b3a.html.

[9] 财务凭证装订机用法，http://jingyan. baidu. com/album/9f7e7ec07788ee6f281554f9.html.

[10] 财务装订机装订过程，http://jingyan. baidu. com/article/0eb457e52023bb03f1a905e5.html.

[11] 财务凭证装订机用法，http://jingyan. baidu. com/article/9f7e7ec07788ee6f281554f9.html.

[12] 中华人民共和国财政部，http://www.mof.gov.cn.

[13] 中华会计网校，http://www.chinaacc.com.